DIÁLOGO *COM* O INVISÍVEL

Obras de Ubiratan Machado:

Bibliografia machadiana. Edusp, 2006.

Chico Xavier, uma vida de amor. Ide, 1992.

Dicionário de Machado de Assis. Academia Brasileira de Letras, 2008.

A etiqueta de livros no Brasil. Edusp, 2003.

Os intelectuais e o espiritismo. Lachâtre, 1999.

Machado de Assis - roteiro da consagração. Eduerj, 2003.

Os melhores contos de Aluísio Azevedo (sel. e prefácio), Global, 2008.

As melhores crônicas de Coelho Neto (sel. e prefácio). Global, 2009.

As melhores crônicas de Olavo Bilac (sel. e prefácio), Global, 2005.

Pedro Rabelo, cadeira 30. Academia Brasileira de Letras, 2009.

Pequeno guia histórico das livrarias brasileiras. Ateliê Editorial, 2009.

O senador Luís Delfino, vida e obra. Efsc, 1984.

Três vezes Machado de Assis. Ateliê Editorial, 2007.

A vida literária no Brasil durante o romantismo. Tinta Negra, 2010.

Ubiratan Machado

DIÁLOGO *COM* O INVISÍVEL

Experiências Espíritas de Grandes Escritores

LACHÂTRE

Direitos de publicação cedidos pelo autor ao
Instituto Lachâtre
Caixa Postal 164 - CEP 12914-970
Tel./Fax (11) 4063-5354

site: http://www.lachatre.com.br
e-mail: contato@lachatre.org.br

PRODUÇÃO GRÁFICA DA CAPA
ANDREI POLESSI

2ª edição - Fevereiro de 2013
521º ao 2.520º exemplar

Impresso no Brasil
Presita en Brazilo

CIP-Brasil. Catalogação na fonte

M135i Machado, Ubiratan Paulo, 1946- .
Diálogo com o invisível - Experiências espíritas de grandes escritores/ Ubiratan Machado. Bragança Paulista, SP : Instituto Lachâtre, 2013, 2ª Edição.

184 p.

1. Espiritismo. 2. Escritores. 3. Literatura. I.Título. II. Apresentação. III. Notas.

CDD 133.9 CDU 133.7

Sumário

I – Encontros e Revelações

II - EM BUSCA DO ESPÍRITO

EM LIVRO ANTERIOR, *OS INTELECTUAIS E O ESPIRITISMO*, UBIRATAN MACHADO HISTORIOU A CHEGADA AO BRASIL DAS IDEIAS DE ALLAN KARDEC; PARA ISSO, FEZ UM RECORTE TEMPO-

APRESENTAÇÃO

Em livro anterior, *Os intelectuais e o espiritismo*, Ubiratan Machado historiou a chegada ao Brasil das ideias de Allan Kardec; para isso, fez um recorte temporal (de 1860 a 1910) e um recorte de fontes: a repercussão do espiritismo na literatura brasileira e em nosso meio intelectual, de Castro Alves a Machado de Assis. Conhecedor tanto das literaturas brasileira e europeia quanto do espiritualismo moderno, o autor agora nos apresenta, neste *Diálogo com o invisível*, um fascinante material a respeito do contato de intelectuais, ficcionistas, poetas com fenômenos paranormais e coincidências significativas.

Sabemos que importantes escritores, como Victor Hugo, Conan Doyle, W. B. Yeats, Monteiro Lobato, empenharam-se para estabelecer comunicações mediúnicas, cujos resultados foram anotados por eles próprios e, posteriormente, publicados em livros. Não foram esses, porém, os exemplos selecionados por Ubiratan, que preferiu nos oferecer relatos em geral bem menos conhecidos.

A primeira parte do livro é composta por treze casos, quase todos envolvendo intelectuais brasileiros. Os fenômenos descritos são bastante variados: intuições que se confirmam ("A premonição de Afonso Schmidt"), aparições, visões ("Horácio de Carvalho e a aparição de Júlio Ribeiro", "Murilo Mendes e o fantasma de Mozart"), mediunidade do próprio escritor tratado no capítulo ("Vinícius e os espíritos") etc. A abrangência de cada seção ora se limita a um evento passageiro, embora marcante, ora abarca explicações literárias e biográficas mais prolongadas para justificar uma conversão ("A aventura espírita de Coelho Neto").

Em "A despedida de d. Pedro II", o autor recoloca em circulação uma pouco conhecida carta da princesa Isabel a Antonio Felício dos Santos, na qual narra a aparição de seu pai a um sacerdote, em Paris, quando o imperador morria. O episódio é ignorado pelas biografias de d. Pedro II.

Ainda que o núcleo de cada capítulo aborde um intelectual, vêm à baila outras pessoas do mesmo meio, igualmente interessadas pelo oculto. Em "Eduardo Prado e o espírito da tia", também se fala de Eça de Queirós, romancista a quem o médium português Fernando de Lacerda atribuiria várias psicografias. No capítulo sobre Coelho Neto, Ubiratan menciona Luís Murat, poeta que, segundo Humberto de Campos, no primeiro volume de sua *Crítica*, tornou-se engajado espiritualista após livrar-se do fuzilamento, uma vez que o oficial responsável pela pena, que era espírita, recebera um pedido mediúnico para poupar o prisioneiro – decisão que, dias depois, foi aceita por Floriano Peixoto.

Pode causar-nos estranheza o fato de que, em meio a tantos ficcionistas, os eventos insólitos registrados neste livro não sejam produto de ficção. O real, porém, apresentado em narrativas cativantes, revela grande força poética em alguns capítulos ("Pedro Nava e a lágrima do avô", "Augusto Frederico Schmidt: visão do poeta", "João Ribeiro e as borboletas"). E é também significativo que o produto material desses trabalhadores, o livro, tenha especial participação em "As dúvidas de Humberto de Campos" e "Julien Green e os mistérios do oculto".

No início da década de 1920, Thomas Mann presenciou fenômenos de efeitos físicos durante uma sessão com o médium Willy Schneider, em Munique, no palacete do barão Schrenck-Notzing. Após o impacto ("Era impossível e, no entanto, verdadeiro"), o romancista alemão fez questão de descrever o que lá se passara e quais foram suas conclusões a respeito: escreveu o detalhado relato "Experiências ocultas", cuja íntegra se encontra, em tradução de Ubiratan, na segunda parte deste livro. Precede a tradução um belo estudo que contextualiza e avalia essa experiência de Thomas Mann.

Em seguida, entram em cena dois outros casos: o curioso percurso espiritual vivido pelo escritor italiano Pitigrilli, que, antes ateu, torna-se religioso após intenso contato com fenômenos de efeitos inteligentes produzidos por uma médium na Ligúria; e o longuíssimo convívio do psiquiatra Carl Gustav Jung com fenômenos espirituais. Ubiratan, nesses três estudos, mostra-se menos interessado em discutir a natureza dos fenômenos em questão, de cuja plausibilidade não duvida, do que em observar como foram compreendidos e assimilados por esses intelectuais. Entretanto, em várias passagens, o autor não deixa de identificar fraquezas e deslizes em explicações aventadas por Freud e Jung, ou em opiniões de Thomas Mann.

Estas poucas considerações são suficientes para que o leitor perceba a riqueza do material reunido e analisado neste livro. Ubiratan não teve o objetivo de sugerir explicações aos fenômenos relatados, os quais são devidamente situados e contextualizados. Ao explorar o encontro de eventos tão especiais da natureza com as aguçadas sensibilidades e racionalidades de artistas e intelectuais, o livro suscita muita surpresa, reflexão e - por que não? - incômodo.

> Em minha vida, eu já vira espetáculos mais grandiosos, mais belos, mais dignos. Mas nunca vira ainda a ocorrência de uma coisa impossível, apesar de sua impossibilidade, eis por que eu só sabia repetir, atordoado: "Muito bem! Muito bem!", apesar de estar sentindo também um pouco de náusea. (Thomas Mann)

Alexandre Caroli Rocha
Novembro de 2011

I – Encontros e Revelações

NASCIDO EM BERÇO DE OURO, PASSOU TODA A VIDA HESITANDO ENTRE AS SEDUÇÕES DA CIVILIZAÇÃO – LEIA-SE DA EUROPA E SOBRETUDO PARIS – E A SIMPLICIDADE DA VIDA RURAL. A PARTIR DE 1882, COM 22 ANOS, ALTERNA TEMPORADAS ENTRE A EUROPA E A FAZENDA DO BREJÃO, NO INTERIOR PAULISTA. NO VELHO MUNDO, MORRE DE SAUDADE DO "VERDE-NEGRO SOSSEGO" DA FAZENDA, REPLETA DE TODOS OS

O CÔMODO É UM PEQUENO MUSEU DOMÉSTICO, CHEIO DE RELÍQUIAS FAMILIARES, DE LEMBRANÇAS DE AMIGOS E DE VIAGENS, DE OB-

1. Pedro Nava e a Lágrima do Avô

No escritório de seu apartamento na rua da Glória, Pedro Nava trabalha na redação de suas memórias, monumento incomparável das letras brasileiras.

O cômodo é um pequeno museu doméstico, cheio de relíquias familiares, de lembranças de amigos e de viagens, de objetos afetivos, a peça da casa mais impregnada da pessoa do escritor, a que mais lhe agrada.

Tem até o seu fantasma exclusivo. Como num velho castelo inglês, à noite, ali fica velando o espírito de Joaquim Nunes Coutinho Cavalcanti, amigo querido de Nava, falecido anos antes.

Enquanto não acende a luz, Nava esquiva-se de olhar para o lado direito da janela, "porque *sei* que o Cavalcanti fica ali em pé, taciturno e olhos ardentes. Sei também que ele espera a hora de me chamar". Só quando liga a eletricidade, tem a coragem de procurar a sombra, já desaparecida.

Tranquilizado, o escritor pode então sentar-se em sua cadeira, diante da mesa de trabalho, olhar ao redor. As estantes, repletas de livros, avançam até a janela, que se abre para a paisagem tão carioca e familiar: a amurada da Glória, os jardins, o aterro, as águas da baía de Guanabara se estendendo até os contornos ao longe de Niterói. Nas paredes, alinham-se os retratos de antepassados, recolhidos das mãos de parentes.

Nava gosta de contemplá-los, nos momentos de repouso, em meio à tensão de um texto, no ressurgir de uma lembrança mais intensa ou quando evoca a vida daqueles personagens, de cujas formas humanas nada mais resta além de suas imagens fixadas a óleo.

No primeiro livro de suas memórias, *Baú de ossos*, traçara o perfil do avô paterno, o comerciante Pedro da Silva Nava. Naquele momento, revia o texto, corrigindo o que escrevera sobre o antepassado que, da parede, parecia fitá-lo, quando sentiu sede.

Levantou-se, dirigindo-se à copa, para beber água. Ao retornar à escrivaninha, o escritor observa que o original em que vinha trabalhando - um papel datilografado, coberto de emendas - estava manchado bem no meio da página por um pingo grosso, recém-caído.

A noite estava suave. Nenhum sinal de chuva. Ninguém havia entrado no escritório. Como conceber que aquela gota d'água pudesse ter caído ali?

Nava passa a polpa dos dedos no papel, estava úmido.

> Provei com a ponta da língua - era salgado. Uma lágrima. Como? De quem? Interroguei-me sem medo, antes invadido de estranha comunhão como se ponte tivesse se estabelecido entre meu peito meus olhos meu coração e o quadro a óleo com o sorriso esboçado e os olhos luminosos de meu avô Pedro da Silva Nava.

PARA OS EUROPEUS DO FINAL DO SÉCULO 19, EDUARDO PRADO TALVEZ PASSASSE PELO PROTÓTIPO DO RICAÇO SUL-AMERICANO, AQUELE SUJEITO PERDULÁ-

2. Eduardo Prado e o Espírito da Tia

Para os europeus do final do século 19, Eduardo Prado talvez passasse pelo protótipo do ricaço sul-americano, aquele sujeito perdulário e um tanto ingênuo diante das seduções e tramoias da vida parisiense, que acabou folclorizado pelo teatro leve de *boulevard*.

Não era nada disso, riqueza à parte. Intelectual brilhante, epicurista, apaixonado por relíquias bibliográficas e documentos raros, tendo viajado por seca e meca, era muito mais refinado do que 99,9% dos parisienses.

Nascido em berço de ouro, passou toda a vida hesitando entre as seduções da civilização - leia-se da Europa e sobretudo Paris - e a simplicidade da vida rural. A partir de 1882, com 22 anos, alterna temporadas entre a Europa e a fazenda do Brejão, no interior paulista. No velho mundo, morre de saudade do "verde-negro sossego" da fazenda, repleta de todos os confortos da vida moderna e com uma riquíssima biblioteca. Ali, passa os dias fustigado pela lembrança das tentações e delícias europeias.

A civilização vence a natureza. Em 1886, fixa-se na capital francesa, onde permanece até 1892. A sua casa luxuosa

– primeiro na rua Casimir Périer, depois na rua de Rivoli, 119 – foi imortalizada por Eça de Queirós em *A cidade e as serras*. Era frequentada pela fina flor da intelectualidade luso-brasileira: Afonso Arinos, Olavo Bilac, Eça, Joaquim Nabuco, Rui Barbosa.

Apesar da vida mundana e dispersiva, marca com ferro em brasa o panorama intelectual brasileiro. *A Ilusão americana* (1893), ataque frontal ao imperialismo norte-americano, foi confiscada pelo governo brasileiro, segundo parece pelas escaramuças dirigidas ao recém-implantado regime presidencialista. Prado manteve-se monarquista até a morte. Para defender as suas ideias, comprou o *Comércio de São Paulo*, que seria empastelado por seus adversários.

Esse típico intelectual *fin de siècle* foi também um curioso dos fenômenos ocultos, teologia, magia, magnetismo. Num certo dia de inverno de 1893, convidou Eça de Queirós para acompanhá-lo em uma visita à redação da *Revista Espiritista*, em um terceiro andar da rua Chabannais. Procurava médiuns que se dispusessem a determinada experiência.

Na saleta forrada de livros e com o busto de Allan Kardec, Prado expôs ao secretário a sua premência de localizar médiuns que, nas palavras irônicas de Eça, "exercessem um domínio definitivo sobre as coisas inanimadas – obrigassem as mesas a ascender ao ar como santos em êxtase, e as cadeiras a pular como faunos numa bacanal".

O homem pensava, achando difícil encontrar um médium tão fabuloso. A conversa encontrava-se neste ponto, quando se deu a intervenção de um sujeito estranho que se achava sentado num banco, aquecendo as mãos ao fogo. Ele voltou para Prado a sua "face macerada, escavada, cor de antigo pergaminho, com tons azulados nas sombras como têm os cadáveres, e eriçada duma barba grisalha e rude" e, dirigindo-lhe "o olhar inanimado e gelado", disse-lhe:

- Estou reconhecendo em si um médium e um vidente.

Prado recuou, como fulminado, chocando-se com a estante de livros, que se achava às suas costas.

- Um vidente? Eu?

- O senhor *pode* (se à faculdade juntar a vontade) pressentir o futuro, avistar o invisível. Mas essa força não lhe pertence propriamente, por ser em si inata e imanente: é-lhe comunicada por um espírito que o acompanha.

Surpreso e emocionado, Prado indagou:

- Um espírito que me acompanha? A mim?

O homem informou que o espírito estava ali, bem ao lado do escritor. Apavorado, Prado conseguiu balbuciar:

- Um espírito bom ou mau?

Sem desviar os olhos de seu rosto, o homem informou:

- Excelente. É um espírito que só conhece os caminhos direitos e só conduz por caminhos direitos.

- Ainda bem! Esse espírito é de alguém que eu tivesse conhecido, que me pertencesse?

O homem olhou para aquele ponto, onde só ele via alguma coisa, e no mesmo tom tranquilo respondeu:

- Não o conheceu. Mas é o espírito de alguém que lhe pertenceu, um espírito doméstico. É a irmã de seu pai!

Prado soltou um gemido de assombro. Fazia uns 50 anos, morrera uma irmã de seu pai, ainda muito jovem, deixando na família uma lembrança de inteligência e bondade.

"E era tão impossível - escreve Eça - que este homem, neste terceiro andar duma rua de Paris, conhecesse a existência daquela senhora morta em 1840 no Brasil - como era impossível que nós conhecêssemos o nome do soldado que àquela hora se achava de guarda a uma das portas do palácio imperial, na cidade interdita, em Pequim!" O meu amigo limpava o suor da testa, e balbuciava:

- Prodigioso! Prodigioso!"

Para atenuar o choque do amigo, Eça intervém, indagando se havia algum espírito em sua companhia. Nenhum, respondeu o homem. E logo voltando-se para Prado, passou a discorrer sobre os espíritos que acompanham as pessoas e lhes influenciam o comportamento. E explicou que o dom excepcional de Prado só se manifestaria se ele mudasse de comportamento, estabelecendo então com o espírito de sua tia a "afinidade espiritual".

- O espírito está aí ao seu lado, preparado e esperando. Mas que importa, se a sua alma jaz muito embaixo, inerme, sob densas camadas de materialidade? Por isso, caridosamente, o avisei. Já conhece o espírito que o segue: só lhe resta romper, pelo esforço, pela educação especial, o muro bruto da matéria e remontar à pura espiritualidade. O espírito gentil está à sua espera.

Apesar da forte impressão recebida, Prado preferiu continuar seguindo o mesmo estilo de vida, carregando, segundo Eça, "nas doses de Descartes e de Spinoza". Resta saber se, de volta ao Brasil, ele teria prosseguido em suas pesquisas espíritas. Quem sabe?

Quanto a Eça, é quase certo que tenha realizado sessões espíritas, em sua casa parisiense. Ramalho Ortigão lembrou que, a partir de certa época, ele passou a falar muito "de teosofia, esoteria e metafísicas diversas e muito convencido de que a morte não é o *ponto* final..." [1]

Cabe lembrar que Eça tornou-se muito amigo do coronel conde Albert de Rochas, teósofo, precursor dos estudos sobre regressão de memória, citado com o nome de coronel

Dorchas, em um dos últimos romances ecianos: o admirável *A cidade e as serras*.

Indagada a respeito das sessões, a viúva de Eça, dona Emília Queiroz, prestou esclarecimentos a Ramalho Ortigão, pedindo porém segredo. Os preconceitos eram muito fortes. [2]

Notas:

[1] Júlio de Sousa e Costa. *Ramalho Ortigão. Memórias do seu tempo.* Lisboa, Romano Torres, s/data (1944), p.71.

[2] Id., id. "Ramalho Ortigão contou que alguma coisa se tinha passado, sem, contudo, poder ou *querer* relatar..." (p.71).

QUANDO HUMBERTO DE CAMPOS MORREU, EM DEZEMBRO DE 1934, ESTAVA LONGE DE SUSPEITAR QUE O SEU NOME SE TORNARIA CENTRO DE UMA INTENSA POLÊMICA ENTRE ESPÍRI-

3. As Dúvidas de Humberto de Campos

Quando Humberto de Campos morreu, em dezembro de 1934, estava longe de suspeitar que o seu nome se tornaria centro de uma intensa polêmica entre espíritas e não espíritas.

Menos de quatro meses após a morte do autor das *Memórias*, o seu estilo elegante, de sabor clássico, repleto de reminiscências de leituras e de alusões clássicas, iria reaparecer magicamente através da psicografia do moço Chico Xavier. E o que era mais escandaloso: para evitar dúvidas, lá vinha com todas as letras a assinatura do escritor maranhense.

Foi um impacto semelhante à queda de um meteorito. Toda a aldeia se assanhou. Chico provocava as mesmas reações apaixonadas, despertadas anos antes pelo *Parnaso de além-túmulo*. Um hábil pastiche? Ou seria, realmente, uma prova da sobrevivência do espírito, através da psicografia?

Os espíritas vibravam de alegria. Os céticos honestos procuravam medir prós e contras, numa tentativa de avaliação científica. Os inimigos da doutrina, na falta de algo mais inteligente a dizer, falaram de burla, de mistificação. A confusão era geral.

A família do escritor, estimulada pelo enorme sucesso dos livros atribuídos a Humberto, entrou na justiça, cobrando os respectivos direitos autorais. Perdeu. Como reagiria Humberto, se estivesse vivo e o caso ocorresse com um terceiro?

O que pensava e sentia o escritor, em vida, em relação ao espiritismo? Cético durante a maior parte de sua vida, com alguns requintes de perversidade que confinavam com o sadismo, não acreditava em nada ou em ninguém, em religião ou na humanidade.

O sofrimento dos últimos anos, porém, fez alguns furos naquela carapaça de orgulho e arrogância. O escritor humanizou-se. Passou a pensar e escrever sobre os desgraçados, numa forma que alguns críticos consideram até melosa demais.

Foi nessa fase, também, que começou a sua curiosidade, ou interesse, pelo espiritismo. No *Diário secreto*, referente aos anos de 1932 a 34, podemos fisgar diversas anotações sobre espiritismo. O registro de fenômenos ocorridos com amigos (Coelho Neto, Malba Tahan) denota a sua preocupação com o problema. Mas Humberto viveu também algumas experiências que o deixaram abalado.

Em meados de julho de 1932, o escritor residia numa pensão, no bairro do Flamengo - a proprietária indagou-lhe se acreditava em espiritismo. A resposta foi um gesto evasivo, que não afirmava nem negava.

A mulher expôs as suas dúvidas, salientando curas de seu conhecimento, diagnósticos precisos de médiuns. E, bruscamente, sugeriu ao escritor que fizesse uma consulta. Humberto aceita, escrevendo em um papel o seu nome, idade e residência. Três semanas depois, como ela ainda não tivesse dado resposta, foi se justificar junto ao escritor:

- O senhor talvez esteja aborrecido comigo e com meu marido, por causa da consulta. Mas ele não se esqueceu. Apenas, está constrangido em lhe responder... Mas, como o senhor não ignora a sua doença, achei melhor lhe dizer a verdade.

Parou por um instante, como se tomasse coragem, e prosseguiu:

- Meu marido foi a duas sessões. Em ambas, a resposta foi a mesma: o senhor está muito doente e pode morrer de uma hora para outra, de modo que nem vale a pena receitar. Os espíritos dizem que o senhor abusa muito de sua saúde e que o seu médico é muito bom.

Humberto anota, então, em seu diário:

> Um frio irresistível me corre a espinha. Agradeço a informação e dona Raquel retira-se. Bate-me o coração, descompassado. Tenho a impressão de que vou desfalecer. Deito-me. Levanto-me. Passeio pela sala, atônito, como quem acaba de levar uma paulada na cabeça. Afinal, eu creio ou não creio?

Parece que a dúvida persistiu até o fim da vida. Mas, alguns meses depois daquela revelação, o escritor viveu o que ele classificou de "uma coincidência curiosa ou, talvez, um fenômeno de espiritismo".

Tendo transferido residência para um edifício no largo do Machado, Humberto empregava algumas horas da noite na arrumação de sua biblioteca.

Na noite de 20 de março de 1933, lá pelas 11 horas, acabava de colocar numa prateleira vários volumes da mesma altura, quando verificou que um deles sobrara. Era *Saudade*, um volume no qual o almirante Artur Índio do Brasil recolhera artigos escritos sobre a sua esposa, Clarisse Índio do Brasil. Como constasse da obra um escrito de Humberto, o almirante deu-lhe um exemplar encadernado, com uma dedicatória carinhosa.

Como não encontrasse um lugar para o livro, depositou-o no chão. De repente, aquele gesto lhe pareceu uma profanação, um desrespeito. Colocou-o, então, em cima da mesa. Mas, sem que soubesse por que, não se sentia bem com o livro ali. Parecia que alguma coisa lhe aconteceria durante a noite.

Preparava-se para deixar o cômodo, quando voltou para apanhar o livro, colocando-o entre vários outros que deveria arrumar pela manhã. Deitou-se. Passou uma noite intranquila, com sonhos confusos, com pessoas mortas.

Deixou anotado em seu diário:

> Pela manhã, venho para o gabinete e começo a trabalhar. Cerca de 11 horas minha mulher, que fora atender ao telefone, abre a porta do lugar em que trabalho.
>
> – Uma notícia má – diz-me –, mas que sou forçada a lhe comunicar.
>
> Fito-a, em silêncio. E ela:
>
> – Telefonaram agora mesmo comunicando que o almirante Índio do Brasil acaba de falecer!

COELHO NETO FOI O PRIMEIRO GRANDE ESCRITOR BRASILEIRO, EM NOSSO SÉCULO, A ADERIR DE PÚBLICO AO ESPIRITISMO. UM ATO DE FÉ, MAS TAMBÉM DE

4. A Aventura Espírita de Coelho Neto

Coelho Neto foi o primeiro grande escritor brasileiro, em nosso século, a aderir de público ao espiritismo. Um ato de fé, mas também de coragem. Em 1924, o mestre maranhense pronunciou na instituição, espírita, Abrigo Teresa de Jesus a conferência intitulada *A vida além da morte,* sua carta de adesão à doutrina. No ano anterior, vencendo todo tipo de pressão e repressão, concedera ao *Jornal do Brasil* uma ruidosa entrevista, detalhando a história de sua conversão. É um documento importante, como veremos adiante, mas que exige alguns adendos para ser melhor entendido.

Por instinto dramático, muito forte em sua personalidade, ou por impossibilidade em destrinchar em uma entrevista minúcias pessoais sepultadas na memória, Neto esquivou-se de narrar o longo processo de atração e repulsão ao espiritismo, vivido antes de se converter. Para dramatizar efeitos, confessou ter sido um inimigo implacável da doutrina, até ser cegado pela sua luz, como um Saulo de Tarso na estrada de Damasco.

Em verdade, como o apóstolo dos gentios, o seu combate pessoal vinha de longe, de bem mais longe. Mas, no prólogo dessa história, nada indica aquela ferocidade a que ele se referiu.

O primeiro arrepio com o sobrenatural ocorreu quando da morte de um amigo querido. Na mocidade, Coelho Neto integrara o grupo de boêmios do qual faziam parte Olavo Bilac, Paula Ney, Aluízio Azevedo, Pardal Mallet e outros. A vida desses rapazes em flor foi narrada pelo próprio escritor, em dois de seus romances mais populares, *A conquista* e *Fogo-fátuo*.

Nem todos os aspectos daquela convivência, porém, foram registrados nestes livros. Neto omitiu, por exemplo, os estranhos fenômenos ocorridos quando da morte de Pardal Mallet, em novembro de 1895, em Caxambu, dias antes de completar 31 anos.

Segundo o depoimento de um irredutível cético, o escritor português Carlos Malheiro Dias, todos (ou quase todos) os rapazes do grupo afirmaram ter recebido, de uma maneira ou de outra, uma manifestação do espírito de Mallet.

Luís Murat, que se convertera ao espiritismo em 1893, garantiu aos amigos que conversara com o espírito do morto. Aluízio Azevedo, um descrente inabalável, que nunca havia se interessado por assuntos ocultos e até os repudiava, afirmou ter ouvido a voz do antigo companheiro.

O fato acontecido com Coelho Neto talvez pudesse até ser considerado coincidência, se é que existem coincidências na natureza. O escritor achava-se conversando com amigos, quando, ao pronunciar o nome de Mallet, um quadro caiu fragorosamente da parede. Neto tremeu dos pés à cabeça, segundo o depoimento de Malheiro Dias.[1]

Casando-se em 1890, Neto abandonou a vida boêmia, dedicando-se apenas à família. Através de um esforço extraordinário, conseguiu o milagre de viver exclusivamente da pena, num país com 80% de analfabetos.

Escritor atento à realidade do país - muito mais do que pensam os que nunca o leram -, Neto abordou algumas vezes o tema do espiritismo, uma realidade evidente demais para ser ignorada. Começou tratando-o com uma descrença risonha e irônica no entremez *Os raios X*, que estreou no Teatro Cassino Fluminense, a 20 de setembro de 1897.

A peça se inicia pela consulta à mesa girante, ainda muito praticada em finais do século 19. Apesar da tonalidade satírica, leve e saltitante da peça - uma brincadeira -, Neto demonstrava desagrado com a atitude dos espíritas, sem atacar o espiritismo.

Policarpo tem mania de invocar espíritos de grandes homens - Hipócrates, Napoleão, Aristóteles - que só dizem tolices. O consulente e sua mulher nunca se esquecem, também, de tentar obter o resultado do jogo do bicho. Ingênuo, um tanto maníaco, Policarpo faz o autor apenas sorrir. Para Coelho Neto, nessa época, o espiritismo não passava de uma farsa, mal encenada e mais ou menos inofensiva.

Em 1898, o escritor volta ao tema, em *O paraíso*. O romance, subtitulado de "excelsa fantasia", reafirma o ceticismo tolerante do escritor em relação à doutrina.

Joaquim procura esquivar-se ao convite para participar de sessões espíritas em casa de Feliciano. Só aceita ao saber que a mulher do amigo, Guilhermina, era uma sua ex-amante. Como uma trapalhada nunca vem só, ele se viu obrigado a exercer o papel de médium psicógrafo.

Guilhermina, muito astuta, serve um narcótico ao marido e convidados, excetuando o amante. Enquanto os demais dormem, os dois rabiscam alguns papéis que Feliciano, ao despertar, admite ser escrita taquigráfica.

Resolvem, então, que a pretensa mensagem psicográfica seria traduzida por um taquígrafo. Era preciso apenas inventar o que dizer. É aí que Guilhermina lembra-se do manuscrito de um poeta falecido, que guardava. O escrito, intitulado *O paraíso,* narrava a extravagante viagem de uma alma rumo ao paraíso, excelente motivo para uma sátira ao espiritismo.

A fantasia fecunda do escritor, no entanto, sobrepõe-se ao propósito de satirizar. Alguns trechos fustigam o espiritismo, mas sem violência ou sarcasmo. Predomina a blague bem-humorada, como quando as almas dos bem-aventurados reclamam do excesso de invocações dos médiuns a qualquer momento.

A insistência em abordar temas espíritas nos leva a suspeitar que Coelho Neto, por essa época, tenha frequentado sessões, por curiosidade ou outro motivo qualquer. Alguns de seus amigos haviam se tornado crentes. Alcindo Guanabara e Luís Murat eram frequentadores assíduos do centro União Caridade, na rua Silva Jardim, 9.

Alguns anos depois da publicação de *O paraiso,* Coelho Neto viveria um caso estranho, que o deixou desconcertado.

Certo dia, um grupo de alunos de um colégio carioca foi à casa do escritor pedir um conto para a revista que publicavam. O que escrever?

Lembrou-se de uma história que lhe haviam contado, em Vassouras. Uma viúva casa-se pela segunda vez, com um sujeito bem parecido com o primeiro marido. As únicas diferenças são o ar triste do novo esposo e as suas mãos geladas. Na noite de núpcias, ao se abraçarem, a moça sente contra seu corpo um esqueleto, enquanto uma caveira lhe lambuza o rosto. Aterrorizada, grita e vê a janela abrindo-se, o fantasma pulando-a e a gritaria infernal dos cães, no terreiro.

Empolgado pelo trabalho, sem almoçar ou jantar, estimulado apenas pelo café e o cigarro, Coelho Neto escreve durante cerca de 15 horas. A família dorme. Ninguém sabe o assunto abordado pelo escritor, trancado em seu escritório.

Pela manhã, como de hábito, a preta velha que morava na casa foi lhe levar o café. Estava aborrecida, um ar de cansaço. Neto perguntou-lhe se dormira mal.

- Eu, nhonhô? Eu quase não dormi, respondeu.

E acrescentou:

- Nhonhô precisa ralhar com essa menina... Ela foi se deitar na minha cama, tremendo de medo, e ficou agarrada comigo até de manhã. Nem ela dormiu, nem eu!

A menina a que se referia era a cunhada de Neto, Esmeralda, que morava na casa. O escritor perguntou-lhe o que houvera, durante a noite, e ela contou:

- A culpa não foi minha, mas do pesadelo que tive. Não foi pesadelo, pois eu vi. Eu estava pegando no sono, quando vi um vulto pular a janela e se deitar ao meu lado. Tentei empurrá-lo e verifiquei que era um esqueleto, todo sujo de terra, que insistia em querer me beijar. Desesperada, livrei-me dele e corri para o quarto da Bá, onde fiquei sem dormir, até de manhã.

Como explicar o fenômeno? Dias depois, ao receber a visita de um amigo, Neto indagou-lhe qual seria a explicação.

- Durante o dia, para escrever, e ainda mais com o auxílio do fumo e do café, você teve de concentrar toda a sua força nervosa, pondo-a na dependência do trabalho cerebral. Essa energia foi dispersada à noite, na hora de dormir.

Com o seu sistema nervoso relaxado, os fluidos se espalharam pela casa, influindo outros temperamentos nervosos. O mais fraco era o de sua cunhada. Essa a causa da visão, que foi apenas o reflexo de seu temperamento.

O escritor não ficou satisfeito e recorreu a um especialista em ciências ocultas. Eis o seu parecer:

- Na minha opinião, o caso ocorrido em Vassouras foi um episódio verdadeiro. Sem saber, o senhor é um médium, e ontem, escrevendo, invocando a sua imaginação, funcionou com esse caráter. Invocados pelo senhor, aqui estiveram ontem os espíritos que figuram nessa história, principalmente o do personagem principal. E como a sua cunhada é vidente, foi a única que se apercebeu dessa presença.

Ignoramos o que aconteceu ao escritor, após essa experiência macabra. O que há de certo é que, a partir daí, Coelho Neto tornou-se um inimigo implacável do espiritismo, que considerava "a mais ridícula das superstições", tratando-o com dureza singular. Mais tarde, ao se converter, lembraria essa fase de sua vida:

> Essa doutrina, hoje triunfante em todo o mundo, não teve, entre nós, adversário mais intransigente, mais cruel do que eu. Em casa, onde a propaganda, habilmente insinuada, conseguia fazer prosélitos, todos temiam-me, apesar de minha conhecida tolerância em matéria de fé, porque eu não deixava passar um só dos livros de preparação e opunha-me com energia às tais sessões reveladoras.

A implacável sanha contra o espiritismo, porém, não o tornou parcial. *Turbilhão* (1906), a sua obra-prima, fixa com admirável precisão o ambiente espírita do Rio de Janeiro de então.

> A decomposição mental de Felícia, em que a perda de um filho aguçara a procura de um consolo, é captada com mão de mestre. A cena em que a velha empregada luta com os fantasmas é magistral
>
> Apesar da repulsa pelo espiritismo, Coelho Neto, ao contrário do que acontece em boa parte de sua obra, não permitiu que a fantasia sobrepujasse a fidelidade ao real. Esse realismo fotográfico (tanto quanto o termo cabe em literatura) começa pela fidelidade com que soube criar o tipo de Felícia, de extração social humilde, supersticiosa, com sua sensibilidade materna ferida pela morte do filho durante a revolta da Armada. Era entre essas criaturas, segundo o escritor, que o espiritismo vicejava com mais vigor.[2]

Neto voltaria, ainda, a tratar do espiritismo no romance *Esfinge* (1903), cujo fantástico lembra milenares lendas levantinas e indianas. As teorias enunciadas pelos personagens - a explicação para o afastamento do espírito do corpo, durante o sono, a vida na Terra como fator de aperfeiçoamento e purificação, as reencarnações - são espíritas, mas como estão formuladas parecem extraídas de velhos livros orientais de sabedoria.

Durante alguns anos, o escritor esquivou-se ao espiritismo. Foi a época de fúria contra a doutrina, de que já falamos. Entretanto, duas tragédias familiares sucessivas levaram o escritor a mudar radicalmente de opinião e abraçar a crença que menos tolerava.

Em 1922, o filho mais velho do casal Coelho Neto-Gaby adoeceu subitamente. Emanuel - conhecido pelo apelido de Mano - era um rapaz forte, jogador de futebol do Fluminense, na força dos 24 anos. Naquele dia, entrara no banheiro para tomar a ducha diária, quando soltou um grito que repercutiu por toda a casa. Levado para o seu quarto, passou dias terríveis, de dor incessante. O caso parecia sem solução. Restava a cirurgia que o dr. Miguel Couto aconselhou, como última tentativa de salvar o doente ou amenizar-lhe o sofrimento. Não deu resultado. Sobreveio uma hemorragia, que a equipe médica não conseguiu controlar. Pouco depois, Mano falecia.

O choque foi terrível. O escritor e d. Gaby ficaram arrasados. Menos de seis meses depois, a família voltaria a viver um novo drama. Ester, a neta do casal Coelho Neto, adoeceu e morreu em poucos dias. A mãe, Júlia, entrou em depressão violenta. Tudo indicava que não iria muito longe.

Vendo o estado da filha, Neto propôs a mudança da família para Copacabana. Quem sabe, um novo ambiente, a praia...

D. Gaby também ficara inconformada com a morte da netinha. Passava os dias a evocá-la, reunia lembranças: as roupas que a menina usara, os brinquedos. O ambiente doméstico tornava-se a cada dia mais tenso, lembraria Coelho Neto na entrevista concedida ao *Jornal do Brasil*.

Certa manhã, para surpresa geral, Júlia mostra-se alegre, risonha. Interrogada, omitiu-se de responder qualquer coisa. Dava para desconfiar.

Uma noite, d. Gaby entra no escritório de Neto, abraça-se com o marido. Entre lágrimas, confessa acreditar na loucura da moça.

- Por quê? - perguntou.

- Está lá embaixo, ao telefone, falando com Ester.

- Que Ester?

- A filha...

A esta altura, o escritor pensou que quem enlouquecera fora a mulher.

D. Gaby convidou-o a comprovar por si mesmo:

– Lá está. Se queres convencer-te, vai até a escada. Poderás ouvi-la.

Júlia ocupava o telefone colocado no *hall*, no andar térreo. O casal postou-se na balaustrada do segundo andar. Não conseguiam distinguir o que a moça falava, em voz baixa. Parecia uma conversa de amor. Distinguiam-se sussurros meigos, risinhos. Por um instante, o escritor pensou violar o segredo da filha.

– Como você sabe que ela está falando com Ester? – perguntou Neto.

– Pois foi ela mesma que me confessou, cheia da maior alegria.

O escritor estava desarvorado. Aquilo parecia um delírio. De repente, entra no escritório, onde se achava uma extensão do aparelho telefônico. Com cuidado, tira o fone do gancho e põe-se a ouvir.

> Ouvi, meu amigo. Ouvi minha neta. Reconheci-lhe a voz, a doce voz, que era a música da minha casa... Mas não foi a voz que me impressionou, que me fez sorrir e chorar, senão o que ela dizia.
>
> Ainda que eu duvidasse, com toda a minha incredulidade, havia de convencer-me, tais eram as referências, as alusões que a pequenina voz do além fazia a fatos, incidentes da vida que conosco vivera o corpo da qual ela fora o som...
>
> Mistificação? E que mistificador seria esse que conhecia episódios ignorados de nós mesmos, passados na mais estreita intimidade entre mãe e filha? Não; era ela, a minha neta, ou antes: a sua alma visitadora que se comunicava daquele modo com o coração materno, levantando-o da dor em que jazia para a consolação suprema.

> Ouvi toda a conversa e compreendi que nos estamos aproximando da grande era; em que os tempos se atraem – o finito defronta o infinito e, das fronteiras que os separam, as almas já se comunicam.[3]

Convertido, Coelho Neto passou a realizar sessões em sua casa, em Laranjeiras. Reuniões frequentadas por espíritas, amigos, escritores, que entravam pela madrugada dialogando com os espíritos. Parece que houve também fenômenos de materialização. Os resultados dessas reuniões eram comentados nos meios literários, mas quase em surdina. Ignoram-se até mesmo as pessoas que as frequentavam. Dois amigos do dono da casa, porém, convertidos ao espiritismo, parecem ter sido presenças assíduas: Luís Murat e Leal de Sousa.

Coelho Neto voltaria a reafirmar a sua crença, de público, na conferência intitulada *A vida além da morte*. Proferida na instituição espírita Abrigo Teresa de Jesus, em 14 de setembro de 1924, é um atestado de fé, mas também um documento das perplexidades e perseguições sofridas pelos espíritas:

> Senhores, a perseguição que vos movem é natural, é até necessária para maior glória do triunfo, que vem perto.

O escritor revolta-se, sobretudo, com a implacável sanha da igreja católica:

> Não podendo impor-se pela bondade, quer a igreja dominar pelo terror e polui a obra divina enxameando-a de demônios, como uma carniça a refervilhar de vérmina.[4]

A partir daí, convicto da crença que adotara, o escritor passou a evitar discussões estéreis. Como ficcionista, voltaria ao espiritismo pelo menos uma vez, em uma narrativa simples e despojada, o admirável conto "A vidente".[5]

Vez por outra, porém, achava-se na obrigação de defender a doutrina contra ataques mal intencionados, interpretações maliciosas ou apressadas. Assim, na crônica "Enxovalhadores da fé", incluída em *Bazar* (1928), irrita-se com um anúncio publicado na imprensa, no qual alguém que se intitulava "espírita sonâmbulo", dizia-se capaz de fazer "desaparecer os atrasos, embaraços e rivalidades da vida, por mais difícil que seja".

Escreve:

> Não quero discutir aqui o espiritismo, digo apenas que há honestidade em tal crença, a mais antiga do mundo, que hoje conta, como adeptos, mais de dois terços da população do globo, e tantas manifestações tem dado da verdade, que nela afirmam os seus crentes existir, que a ciência já resolveu estudá-la e o próprio Vaticano destacou uma comissão de sacerdotes para verificar-lhe as provas.
>
> O que afirmo, porém, é que o espiritismo, que com a sua doutrina consoladora, quando pregado por missionários de verdadeira fé e coração puro, presta alívio a muitas almas desesperadas e socorro a muita aflição e miséria, certamente não permitirá explorações como a desse anunciante, que se adossa à sua doutrina para viver à tripa forra.[6]

Nesta convicção, certo de ter encontrado o bom porto, o escritor permaneceu até a sua morte.

NOTAS:

[1] Carlos Malheiro Dias. *A mulata*. Lisboa, Arcádia, 1975, p. 199.

[2] Ubiratan Machado. *Os intelectuais e o espiritismo*. 2ª edição. Niteroi, Lachâtre, 1996, p. 222.

[3] Coelho Neto. "Entrevista ao *Jornal do Brasil*", in Jorge Rizzini. *Escritores e fantasmas*. São Paulo, Difusora Cultural, s/data, p. 99.

[4] Coelho Neto. *A vida além da morte*. Rio de Janeiro, A Noite, 1924, p. 8.

[5] Coelho Neto. *Contos da vida e da morte*. Porto, Lelo, 1927.

[6] Coelho Neto. *Bazar*. Porto, Lelo, 1928, p. 78-79.

VINICIUS DE MORAES NUNCA ESCONDEU A SUA CONDIÇÃO DE MÉDIUM. ERA PSICÓGRAFO, VIDENTE, AUDIENTE, TEVE SONHOS PREMONITÓRIOS QUE SE REALIZARAM

5. Vinícius e os Espíritos

Vinicius de Moraes nunca escondeu a sua condição de médium. Era psicógrafo, vidente, audiente, teve sonhos premonitórios que se realizaram com perverso realismo. Conversava com espíritos, em sua casa os móveis se movimentavam. O poeta mantinha um intercâmbio permanente com as forças mágicas da vida. Gostava de se gabar desses poderes, se bem que com uma certa inquietação. Manteria mesmo contatos com o além? Ou tudo não passaria de uma tramoia do inconsciente?

Carlos Drummond de Andrade conta que, numa noite de domingo, em abril de 1945, ele, Vinicius e João Cabral de Melo Neto encontravam-se reunidos no apartamento de Fernando Sabino. Cabral retira-se logo. Vinicius narra as suas experiências paranormais. "Em sua casa, os móveis do quarto de dormir trepidam e falam".[1] Beatriz Azevedo de Melo, Tati, sua primeira esposa, anota os fenômenos num bloco de papel.

Certa noite, Vinicius conversa com o pintor Carlos Scliar, que se encontrava na Itália, incorporado ao exército brasileiro que combatia os alemães. Scliar chega a fazer um desenho para o amigo, com dedicatória. O diálogo entra pela madrugada. Ao amanhecer, exausto, Vinicius suplica para que Scliar o deixe em paz. Mais tarde, soube-se que, naquela noite, a mãe de Scliar morrera em Porto Alegre.

Drummond explica à sua maneira:

> O poeta interceptara, pois, fluidos do artista. E o desenho que a mão de Vinicius fizera durante a comunicação à distância é reconhecido por amigos: traço de Scliar. [2]

Drummond propõe então a Vinicius invocarem o espírito de Mário de Andrade. Levam uma mesinha para a varanda, as luzes são apagadas, apenas uma fica acesa, na sala de jantar. Os três amigos concentram o pensamento em Mário, com as mãos estendidas sobre a mesa, os dedos unidos.

Vinicius fecha os olhos, estremece e põe-se a rabiscar em um bloco que tem diante de si. Traços desconexos superpostos. Sabino retira a folha e Vinicius dirige o lápis para outra. Novos rabiscos. Sempre de olhos fechados, Vinicius escreve canhestramente: "Direito de morrer de fome". Repete a frase várias vezes.

Vinicius indaga ao espírito o que aquilo significa. Mudez. Insiste. Escreve a resposta: "Morais". Indagam se é Mário (o nome completo do escritor era Mário Raul de Morais Andrade). Não. Fernando arrisca que pode ser algum parente. "Avô", informa o espírito.

A conversa é confusa. Afinal, surge um espírito que se identifica como Glorinha. Faz um diagnóstico espiritual dos presentes. "Fernando está sob influências benéficas, eu sigo no caminho do dever; quanto ao poeta, precisa vencer o demônio da carne".[3]

Depois do intervalo, manifesta-se um outro espírito, que não fala coisa com coisa. Enquanto atua como intermediário, Vinicius mantém a sua personalidade; "pergunta lúcido e responde invocado".[4] Em certo momento, interrompe a comunicação para beber uma cerveja.

Um tanto desiludidos, procuram usar o copo para se comunicar com o além. Nada. Substituem-no pelo banco do banheiro, que se movimenta e range sob as mãos dos três. Fernando insere uma folha escrita no bloco utilizado por Vinicius. Não se sabe mais "o que vem do espaço e o que é elaborado na Terra".[5]

Cessados os fenômenos, Vinicius confessa não encontrar explicação racional para tais fatos. Admite que possa ser uma burla do inconsciente, que apresenta como sendo de espíritos os seus próprios pensamentos. No fundo, duvida também dessa explicação, que não esclarece os estranhos fenômenos ocorridos dois meses antes.

Na noite de 25 de fevereiro de 1945, o poeta tem um sonho assustador, com uma força de realidade. Vários amigos embarcam em um avião para São Paulo, numa viagem inexplicável. Um desastre medonho. O poeta debate-se em angústia. Pela manhã, sua mulher o acorda, para lhe comunicar a morte de Mário de Andrade.

Ainda dentro do clima de pesadelo, sentindo "incorporar-se a ele o amigo morto", escreve o poema "A manhã do morto":

> Ergo-me com dificuldade
> Sentindo a presença dele
> Do morto Mário de Andrade.
> Que muito maior do que eu
> Mal cabe na minha pele.

O pesadelo mistura-se à realidade. Ao se olhar no espelho, vê o rosto de Mário. No café da manhã, parece que quem está comendo é Mário. Liga para Rodrigo Melo Franco de Andrade. O amigo atende o telefone, mas a voz é de Mário. A presença obsessiva deixa-o aturdido, confuso. Sai para a cidade, "na canícula do dia", lembrando o amigo.

> Com grande dignidade
> A dignidade de um morto
> Anda a meu lado, absorto.
> O poeta Mário de Andrade
> Com a manopla no meu ombro.
> ....
> Assim passeio com ele
> Vou ao dentista com ele
> Vou ao trabalho com ele
> Como bife ao lado dele
> O gigantesco defunto
> Com a sua gravata brique
> E a sua infantilidade.
> Só às cinco horas da tarde, hora do enterro, ao qual não pudera ir,
> Senti a pressão amiga
> Desfazer-se do meu ombro...
> Ia o morto se enterrar
> No seu caixão de dois metros.

Quase dez meses depois, no dia 2 de novembro, o sonho premonitório do desastre de avião se torna realidade. Vinicius segue para Buenos Aires, em companhia de Moacir Werneck de Castro, Aníbal Machado, Pedro Luís Teixeira, repórter de *O Globo,* a convite do governo francês, que comemora o restabelecimento dos voos para a América do Sul, após o término da guerra. Embarcam num Latécoère 631, com seis motores, o maior hidroavião do mundo, batizado de Lionel de Marmier.

Os amigos ignoram que, ainda na França, o avião fora obrigado a um pouso de emergência em Bordeaux, devido a problemas técnicos. A embaixada francesa convidara outros escritores e artistas: Carlos Drummond de Andrade, Cândido Portinari, Fernando Sabino. Recusaram, por desinteresse ou pressentimento. Sabino tem a clara premonição de que o aparelho vai se acidentar. Comunica-se com Tati e pede que ela avise a Vinicius.

No início, corre tudo às mil maravilhas. Um céu de brigadeiro. Os convidados examinam, curiosos, o insólito interior do avião, dividido em cabines, um bar na parte dianteira. Vinicius e Moacir estão tomando um conhaque, quando o aparelho começa a estremecer e a perder altura. Agarram-se à barra metálica do balcão, apavorados. Inclinado para a esquerda, com os motores desligados, o Lionel - graças à habilidade do piloto, - desce planando, suavemente, até pousar nas águas de uma lagoa uruguaia.

A tragédia já acontecera. Uma pá da hélice se soltara da asa e entrara pela fuselagem do aparelho, matando Pedro Luis Teixeira e um cinegrafista francês.

Os fenômenos paranormais vividos por Vinicius foram frequentes, mas nem sempre conhecidos. Um dos mais curiosos ocorreu no dia 10 de outubro de 1964, data da morte do cronista Antonio Maria, amigo fraterno do poeta.

Vinicius encontrava-se em repouso em um chalé em Visconde de Mauá, no interior fluminense, quando um telefonema avisou-o do fim do amigo, fulminado por um ataque cardíaco. O choque foi brutal. Deixa as lágrimas correrem, como um alívio.

Uma hora depois, mais calmo, senta-se na varanda para escrever a sua crônica semanal para a revista *Fatos e Fotos*. Vai falar do amigo, é claro. De sua morte: "Que tenha sido como eu sempre desejei que fosse: rápido e sem som". Ainda está nas primeiras linhas; quando um passarinho gordo entra na varanda, dá duas voltas ao redor da cabeça do poeta, quase lhe arrancando os óculos. Os pelos do braço ficam de pé, sente um calafrio na espinha. Tem a certeza insólita de que aquele passarinho é o cronista, que viera se despedir.

Como acontecera quando da morte de Mário de Andrade, parece sentir a presença de Maria em toda parte. À tarde, um galo coloca-se à sua frente, imóvel como uma escultura, encarando-o fixamente. Dirige-se à varanda, para apanhar um cigarro. Ao voltar, o galo desaparecera. Pensa: "O que era Maria, senão um galo com alma de passarinho?"

Vai se deitar, sem desconfiar que o melhor ainda está por vir. De madrugada, acorda de repente. Levanta-se, veste uma japona e encaminha-se para a varanda. Acende um cigarro. Os olhos fitam distraidamente a paisagem. De repente, vê Maria encostado a um tronco de eucalipto, encarando-o. Em vez de correr em direção ao espírito, dirige-se à mesa do quarto e escreve uma longa entrevista com o amigo.

Vinicius estava certo de ter psicografado o pensamento de Maria, que confessa ter vindo visitá-lo primeiro na forma de um passarinho e depois na de um galo. Descreve as sensações vividas na hora da morte e conta as vantagens de se estar morto. Antes de se despedir, dirige uma mensagem para o marechal Castelo Branco, que ocupava a presidência da República.

Como se vê, Vinicius tinha uma percepção extrassensorial tão aguçada quanto a sua sensibilidade poética, e que provavelmente revelou-se ainda na infância, como sugerem os versos seguintes, extraídos do poema auto-biográfico "Minha mãe":

> Afugenta o infinito que me chama
> que eu estou com muito medo, minha mãe.

Notas:

[1, 2, 3, 4, 5] Carlos Drummond de Andrade. *O observador no escritório.* Rio de Janeiro, Record, 1985, pp. 39, 40, 40, 40, 40 respectivamente.

POUCOS CONHECEM AS RELAÇÕES AFETIVAS MANTIDAS POR VIRIATO CORRÊA COM O ESPIRITISMO. ESSA HISTÓRIA, COM TODOS OS EFES E ERRES, DESLUMBRAMENTO

6. O Namoro de Viriato Corrêa com o Espiritismo

Poucos conhecem as relações afetivas mantidas por Viriato Corrêa com o espiritismo. Essa história, com todos os efes e erres, deslumbramentos e exclamações, está contada num folheto raríssimo, editado pela Federação Espírita Brasileira, em 1941. Intitula-se *Conferência* e reproduz a palestra ministrada pelo escritor maranhense no salão da entidade, na avenida Passos, no Rio de Janeiro, naquele ano longínquo.

A conferência é uma pequena autobiografia espiritual, na qual Viriato exorciza fantasmas e proclama um *mea-culpa,* do que ele classifica de "a quadra mais insuportável da minha vida". Nessa época, ele julgava-se "o maior dos homens". De um orgulho desmedido, atacado pela volúpia de tudo destruir, alardeava o seu materialismo e o "dever de reduzir Deus a zero".

Em 1939, vítima de uma crise de cálculos hepáticos, o escritor buscou alívio nas águas minerais de Cambuquira. As dores foram tão violentas que durante vários dias ele permaneceu encerrado no quarto do hotel.

Quando saiu, os demais hóspedes foram saber de seu estado e lhe desejar melhoras. Foi assim que Viriato conheceu Antônio Fonseca, então diretor da FEB. A simpatia foi recíproca. Horas depois, eram como velhos camaradas. Passavam horas conversando, durante as quais Fonseca expunha os fundamentos da doutrina espírita e incentivava o amigo:

– Leia, leia o espiritismo. Ao menos por curiosidade.

Como as dores continuassem atrozes, sobretudo à noite, Fonseca, médium curador, ofereceu-se para aliviá-las, através de passes. Viriato concordou por pura cortesia, para corresponder às gentilezas do novo camarada:

– Está bem. Hoje mesmo.

À noite, houve a primeira sessão. Fonseca pousou as mãos na cabeça de Viriato, olhou para o céu e começou a orar. Lembra Viriato:

> Deu-me uma louca vontade de rir. Mas olhei aquela fisionomia serena, grave, incendiada de fé; e havia nela um brilho tão novo para mim, uma tão alta e comovedora magnitude, que baixei, que fui forçado a baixar respeitosamente a cabeça, num silêncio profundo.

No dia seguinte, sentia-se melhor. A sessão de passes repetiu-se nas noites seguintes.

De volta ao Rio, Viriato procurou Fonseca na livraria da FEB, recebendo de presente *O livro dos espíritos*. Em casa, deixou o volume sobre uma mesa e pareceu esquecê-lo. Um dia, depois de alguma hesitação, abriu-o ao acaso, exatamente naquela página em que Kardec fala da volta à vida espiritual.

O trecho foi lido com sofreguidão. Ao terminá-lo, Viriato estava com a respiração opressa, uma estranha sensação de arrepio. "Página nenhuma me sacudira tanto como aquela", admitiu. Pôs-se a relê-la. "A emoção não foi menor que da primeira vez".

Sem se converter, o escritor passou a sentir uma imensa atração pelo espiritismo e a frequentar a Federação, mas mantendo algumas reservas:

> No princípio, achei que, aqui dentro, toda gente era maluca. Quando qualquer pessoa, aqui, me falava em comunicações espirituais, narrando-me com a maior simplicidade este ou aquele fato espírita de observação própria, duvidava imediatamente da sua integridade mental.

Essa impressão só se modificou com o tempo e o conhecimento íntimo com Fonseca, Manoel Quintão e Frederico Figner. Alguns fatos vieram, também, minar-lhe as reservas e reforçar a sua crença.

Em certa época, o escritor buscava alcançar um determinado objetivo, que lhe parecia capital, mas sempre lhe escapava. Vencidos os desafios, vinham sempre novos obstáculos, que pareciam intransponíveis. Passava noites em claro. O desânimo começava a dominá-lo, quando recebeu convite para participar de uma sessão espírita.

Ao terminar os trabalhos, a médium procurou-o para lhe falar pessoalmente:

- O senhor conhece alguém que se chama Manuel?

- Conheço vários.

- Alguém que já desencarnou e que se diz seu parente.

- Meu pai!, exclamou Viriato, arrepiando-se.

- Ele está ao meu lado. Pede-me que lhe diga que não desanime, pois o que o senhor deseja Deus lhe dará na segunda-feira.

Era uma sexta-feira. O fim de semana transcorreu sobre brasas. Na segunda-feira, a tensão subira ao máximo. Para seu desespero, o dia terminou, sem que nada acontecesse. Que significava aquilo? Num impulso incontrolável, procurou a médium, que lhe confirmou não ter nenhuma dúvida de que ouvira aquelas palavras.

Iniciou a nova semana, desiludido. O objetivo parecia cada vez mais longe. O fim de semana foi melancólico. Mas, na segunda-feira, quando não mais esperava, quase de supetão, recebeu o que desejava. Ficou aturdido:

> Porque a promessa não veio na primeira segunda-feira, e veio na segunda? Ter-se-ia enganado na contagem do tempo? É possível. O tempo nas regiões siderais não é o mesmo tempo terreno. Ter-se-ia enganado o médium?

Em outra ocasião, Viriato empenhava-se em alcançar um determinado propósito, mas todas as portas pareciam trancadas. Como a sua honra estivesse em jogo, dirigiu-se à Federação, onde se encontrou com Manoel Quintão. Contou-lhe o caso, pedindo-lhe para solicitar a intervenção do espírito de Bezerra de Menezes.

– Vou pedir, prometeu Quintão.

Recolheu-se a um gabinete e, passados dez minutos, retornou, sereno, alegre, estendendo um papel ao amigo:

– Leia.

Era uma comunicação. Iniciava-se com uma advertência: ele devia avaliar melhor as suas forças. Mas lembrava que ainda havia uma esperança, uma porta na qual ele ainda não batera. Como numa inspiração, Viriato lembrou-se de que se esquecera de bater em determinada porta. Correu para lá e tudo se realizou como ele esperava.

O terceiro fato narrado por Viriato ocorreu durante a sua viagem ao Maranhão, em setembro de 1940. Há anos, o escritor sofria de "uma relaxação dos músculos do braço direito, na região do úmero, motivada por várias luxações". Bastava um momento de desatenção, um jeito qualquer para o braço se deslocar. Era o início de horas de desespero, pois "a redução da luxação é sempre difícil, sempre laboriosa, sempre demorada. Sofro dores horríveis, tremendas, culminantes".

Naquela noite, não sabia como, acordara com o braço luxado, as dores crescendo de intensidade. Eram duas horas da madrugada. Um médico, àquela hora, era dificílimo. Lembrou-se então de Bezerra de Menezes, a quem solicitou auxílio, de maneira intensa:

> Não sei quantos minutos estive em concentração. Não mais de cinco. Subitamente, ouvi um som, o som que as rolhas de garrafas de cerveja produzem quando saltam, (era) o úmero deslocado que voltava ao seu lugar.

A reação foi imediata. Um gesto rápido, levou a mão esquerda à região afetada. A luxação estava reduzida.

> Dei um salto da cama, estatelado. Quem não se surpreenderia? Uma luxação escapo-umeral não a reduz quem quer. Tenho tido médicos habilíssimos ao meu lado, durante horas, em esforços exaustivos. Uma luxação redu-la quem sabe, quem tem prática e isso com muito trabalho, com jeitos próprios, movimentos particularíssimos, sem falar nas dores cruciantes do doente. A minha ali estava reduzida sem um movimento, sem o mais leve movimento e sem dor.

O PRAZER DA AVENTURA ARDIA NAS VEIAS DE AFONSO SCHMIDT. EM 1913, O JOVEM POETA SENTIU A NOSTALGIA DA EUROPA. JÁ ESTIVERA LÁ. AOS 16 ANOS, EM-

7. A Premonição de Afonso Schmidt

O prazer da aventura ardia nas veias de Afonso Schmidt. Em 1913, o jovem poeta sentiu a nostalgia da Europa. Já estivera lá. Aos 16 anos, embarcara na terceira classe de um malcheiroso navio espanhol, com uma migalha de dinheiro no bolso e uma vontade imensa de viver.

Deslumbrado, passeou por Portugal, atravessou a Espanha, desembarcou em Paris, sempre com pouquíssimo dinheiro, ou sem nenhum, vivendo penosamente, como uma espécie de aprendiz de *clochard*. Um dia, cansou de tudo e resolveu regressar ao Brasil. Agora, seis anos depois, o apelo da Europa voltava de maneira irresistível.

As finanças continuavam precárias. Não fazia mal. Era apenas um detalhe, um ínfimo detalhe. O essencial era a disposição para enfrentar de novo a interminável travessia do Atlântico, com todos os desconfortos da terceira classe.

Com a sua ideia fixa na cabeça e algumas economias no bolso, o rapaz subiu a bordo de um vagarosíssimo navio italiano. O destino era Gênova, cidade de vida absurdamente cara, que ele logo tratou de deixar.

Embarcou num trem para Milão. Uma viagem estupenda, cortando a atmosfera límpida das montanhas da Ligúria, as planícies perfumadas da Lombardia, até desembarcar na confusão ruidosa da gare central da grande cidade do norte da Itália.

Dias de descobertas, e logo repetiu-se a situação vivida durante a primeira viagem: a carência de recursos, até para comer.

Se, como diz o povo, há um deus para os bêbedos, com mais razão deve haver um deus de plantão para os aventureiros. Obteve um emprego de correspondente da língua portuguesa. Foi bom, enquanto durou.

Desempregado, sem recursos, a situação tornou-se desesperadora. Apelou para a mãe, mesmo sabendo a modéstia de seus recursos. O pedido não foi em vão. Vez por outra, ela trocava as suas economias por uma nota de dez ou vinte liras, que enviava ao filho, disfarçada dentro do papel xadrez da carta.

Certa manhã, Afonso despertou alegre.

- Mamãe vai me mandar dinheiro.

Tivera a intuição, aliás a certeza, de que lá longe, no Brasil, a mãe lhe enviava uma quantia. Durante as duas semanas que a carta levava para chegar, ele a ia acompanhando, via-a misturada a centenas de outras, dentro da mala postal atirada num compartimento da embarcação e ouvia até o ruído da água batendo no casco do navio.

Um dia, acordou com a certeza de que a carta chegara. 'Viu' o envelope azul, entre milhares de outros, dentro de um saco de lona com as insígnias postais e lacrado com o sinete de chumbo, ser transferido do porão do navio para a carreta do correio, em Gênova.

Saindo do escritório à hora do almoço, dei um pulo à posta-restante e pedi ao funcionário que, de tanto atender-me, já me conhecia de longe:

- Amigo - disse-lhe eu - dê-me uma carta quadrada, azul, que esta manhã me chegou do Brasil.

Ele achou graça na certeza com que eu falava. Foi ao vasto armário colado à parede e meteu a mão num dos escaninhos em que esse móvel se repartia, tirando um envelope anilado, diferente dos que me eram dirigidos. Voltou ao guichê, colocou-o diante de mim e gracejou:

- À meia-noite, você andou por aqui?...

Algum tempo depois, o escritor sonhou que recebia uma carta dourada. Ficou contente, calculando o que seria. Mais alguns dias e recebeu carta da mãe. Num gesto de desprendimento, talvez até de autoviolência, de que só as mães são capazes, ela vendera o anel de sua mãe, última lembrança dela, e enviava ao filho o apurado: cem liras. Para a sua situação, era uma pequena fortuna, a sorte dourada.

O poeta ainda permaneceu algum tempo na Europa, que vivia os últimos esplendores do século 19, mal suspeitando do que estava para vir. Encharcou-se de Paris, conheceu os rigores do inverno e o renascimento mágico da natureza primaveril. Em junho de 1914, resolveu retornar ao Brasil, mas sempre com o sonho de regressar à Europa. Não seria possível. No dia 23, o assassinato do arquiduque da Áustria Francisco Ferdinando, em Serajevo, desencadeou por toda a Europa uma onda de insanidade sem paralelo na história. Era o começo da I Guerra Mundial.

O POETA MURILO MENDES ESTAVA EM CRISE EXISTENCIAL. CIDADÃO DE JUIZ DE FORA E DO MUNDO DA LUA, SEGUNDO RUBEM BRAGA, VIVIA HÁ MAIS DE 20 ANOS

8. Murilo Mendes e o Fantasma de Mozart

O poeta Murilo Mendes estava em crise existencial. Cidadão de Juiz de Fora e do mundo da lua, segundo Rubem Braga, vivia há mais de 20 anos no Rio de Janeiro, sem conseguir a tranquilizadora estabilidade financeira e nem mesmo um emprego permanente, pulando de um lugar para o outro, confirmando a sua irremediável falta de jeito para a vida prática.

Naquele ano de 1942, às dificuldades financeiras vieram se juntar problemas de saúde, o enfraquecimento progressivo do organismo, que iria degenerar em uma tuberculose, obrigando-o a deixar o Rio de Janeiro.

O poeta vivia então em um quarto de pensão, na rua Marquês de Abrantes, 64, em Botafogo. Era uma casa típica do Rio antigo, imensa, situada no meio de um terreno cheio de árvores e gatos preguiçosos.

As proprietárias eram duas aristocratas russas, que se achavam no Brasil quando eclodiu a revolução soviética de 1917. Ficaram por aqui, montaram o negócio da pensão, que, se não enriquecia ninguém, pelo menos dava para viver.

As russas só alugavam quartos a pessoas selecionadas de acordo com as suas simpatias. O ambiente era exótico, mas requintado, no qual subsistia alguma coisa de aristocrático. Viviam ali alguns exilados russos e, num cômodo imenso, transformado em ateliê, os pintores Vieira da Silva e Arpad Szenes. Funcionava ainda um estúdio de balé.

Murilo Mendes já era então fanático por Mozart, cujo retrato se achava fixado na porta de seu quarto. Mais do que um músico, Mozart era para ele um mestre de vida. Anos depois, em uma entrevista, declararia que o compositor austríaco influenciara até o aperfeiçoamento de seu caráter e o ajudara a polir certas arestas de seu temperamento.

Todas as tardes, o poeta realizava reuniões musicais em seu quarto, onde se ouvia quase apenas Bach e Mozart.

No início da II Guerra Mundial, quando a Alemanha invadiu a Áustria, ocupando Salzburg, Murilo deixou atrapalhados os funcionários dos correios, ao tentar dirigir a Hitler o seguinte telegrama: "Em nome de Wolfgang Amadeus Mozart, protesto contra ocupação de Salzburg."

Publicado nesta fase, o livro de poema *As metamorfoses* (1941), trazia a seguinte dedicatória: "Ao meu amigo Wolfgang Amadeus Mozart".

Essa amizade com Mozart culminaria em um episódio curioso que o poeta, católico convicto, contava, sem admitir que duvidassem de sua palavra.

Naquele ano de 1942, em que atravessava uma crise pessoal tão intensa, certa tarde, o poeta regressava ao seu quarto, quando, ao abrir a porta, deparou-se com a figura de um homem "vestido de fraque azul", no qual, antes de cair desmaiado, de emoção, reconheceu imediatamente o seu querido Wolfgang Amadeus Mozart.

QUEM LEU O DIÁRIO DE JULIEN GREEN, POR CERTO SE LEMBRARÁ DOS FENÔMENOS PARANORMAIS VIVIDOS PELO GRANDE ESCRITOR FRANCÊS. APARIÇÃO

9. Julien Green e os Mistérios do Oculto

Quem leu o diário de Julien Green, por certo se lembrará dos fenômenos paranormais vividos pelo grande escritor francês. Aparição de espíritos, precognições, sensação de *dejà-vu*, sonhos premonitórios são anotados com precisão e riqueza de detalhes ao longo dos 12 volumes desse registro autobiográfico cotidiano, no qual o autor pretendia contar a sua vida "com uma franqueza e uma exatidão absolutas".

Com estas palavras, Green sugeria ao leitor que iria se desnudar em público, sem nada esconder, seguindo o exemplo de Jean-Jacques Rousseau nas *Confissões*. A crítica e leitores mais exigentes ficaram decepcionados. O escritor manteve sempre um véu de mistério ocultando a sua realidade espiritual mais íntima e sobretudo a sua vida privada.

O próprio Green acabou percebendo a sua autocensura. Em julho de 1937, ele registrava: "Tal é o defeito deste diário aos meus olhos: o acessório ocupa um lugar considerável e nenhuma palavra sobre o essencial". A mesma preocupação em janeiro de 1945: "Não estou inteiro nestas páginas. Tento me colocar nelas e só consigo pela metade". Mas, no que se refere às experiências paranormais, ele foi exato e preciso, descerrando um aspecto importante de sua personalidade.

O leitor de poesia por certo se lembra daquele poema de Fernando Pessoa - que já deu margem a tantas especulações e interpretações - que começa da seguinte maneira:

> Não meu, não meu é quanto escrevo.
> A quem o devo?
> De quem sou o arauto nado?
> Por que, enganado,
> Julguei ser meu o que era meu?
> Que outro mo deu?

Julien Green tinha a mesma sensação, a de que alguém o ajudava a escrever, uma personalidade forte que acabava se impondo à sua vontade. Essa experiência, que se intensificava durante o processo de elaboração de determinadas obras, tornou-se particularmente intensa durante a redação do romance *Cada homem em sua noite*. Green tinha a impressão de que escrevia coisas que não queria escrever, ressaltando que "é preciso porém que alguém as escreva".

Alguns dias mais tarde, angustiado com aquele incômodo colaborador, anotava:

> Há páginas que não posso deixar de achar terríveis, que eu gostaria de não tê-las escrito e que me são ditadas pelo ser interior que sempre guiou a minha mão e ao qual não sei que nome dar. Quem é ele? De onde vem? Tenho razão em lhe obedecer sempre? Mas, sem ele, a obra não existe, nem mesmo uma linha. Tenho medo deste livro

> como senti medo de todos os meus livros. Neste, como nos outros, há grandes brechas por onde passa alguma coisa que certamente não vem de mim, mas que é mais forte do que eu e que por vezes me inquieta, como poderia me inquietar um outro eu mesmo, mais imperioso e mais seguro de si do que o eu que conheço.

Em uma ocasião, vinte anos antes dessa confissão, em 1938, ele começava a escrever as primeiras linhas do livro de contos *O viajante da Terra,* quando sentiu alguém se inclinar sobre o seu ombro, como se estivesse interessado pelo texto que ele escrevia, segundo a sua dedução.

A reação foi imediata. O escritor nunca conseguiu se lembrar como deixara o quartinho sombrio da rua Cortambert, nem como passou pela porta. "Parece que voei. Na rua, as luzes estavam acesas. Era ao cair da tarde".

A experiência mais interessante narrada no diário, talvez seja a de um sonho, que começou a se manifestar a partir de 1925, e que se repetiu inúmeras vezes, ao longo dos anos.

Nele, o escritor via-se em um caminho que conduzia a uma cerca extensa. Então, uma voz lhe dizia:

- Pode passar pelo vale, é mais longo, porém mais agradável.

Algumas vezes, ele seguia pelo vale, mas quase sempre encontrava lá pessoas mal encaradas, que o olhavam, seguiam-no e o perseguiam. A angústia era intensa.

Um dia, passeando perto de Estocolmo, o romancista encontrou o caminho e a cerca, que lhe haviam aparecido tantas vezes em sonho.

Em 1961, 36 anos depois que o sonho começara a se manifestar, em viagem pelo interior da França, na região de Valmont, identificou o vale que lhe povoava os pesadelos:

> Fiquei estupefato. Ali estava o pequeno caminho que fazia uma grande curva entre as árvores. Era exatamente o que eu vira tantas vezes em meu sonho, desde 1925.

A terceira experiência que vamos relatar relaciona-se à concepção de Green sobre a possibilidade de os mortos falarem aos vivos.

Em certo dia de junho de 1965, o escritor recebera a visita de um jovem padre, seu amigo. A conversa recaiu no tema da comunicação com os mortos.

O romancista repudiava essa crença. O seu argumento era o seguinte: como os mortos iriam se lembrar de um mundo que haviam conhecido por meio dos sentidos, enquanto que no além eles se achavam separados do que foi o seu corpo? "Tudo está no cérebro, a memória e o resto, e o cérebro falta. 'A alma não pensa e só conhece através do corpo', diz Bossuet."

O padre não concordava, e Green sugeriu:

- Poderíamos pedir esclarecimentos sobre este assunto a Jacques Maritain. Mas isso poderia aborrecê-lo.

Ao dizer isso, Green pensava na esposa de Maritain, Raissa, que falecera havia pouco tempo.

No dia seguinte, à noite, ele estava ouvindo música em seu escritório, quando se lembrou de Maritain, que deveria visitá-lo no dia seguinte. Do lugar onde se achava, podia ver uma longa fileira de *Bíblias*, em diversas edições, quatro ou cinco nas línguas originais e as demais em traduções. Faltava uma delas, da qual ele mal se lembrava. Naquele momento, porém, ao evocar a figura de Maritain, lembrou-se também do exemplar faltoso.

Era uma bela edição do século 19, encadernada em couro verde, que, anos antes, Green presenteara a Maritain, mas intimamente se arrependendo. Naquela noite, lamentou que o livro não estivesse lá, junto com os outros.

Na manhã do dia seguinte, recebeu um telefonema comunicando que Maritain chegaria à sua casa, dentro de uns 15 minutos. Foi esperá-lo na rua, a fim de auxiliá-lo a subir os quatro andares do prédio, sem elevador.

Era meio-dia e quinze quando viu o amigo descer do taxi, do outro lado da rua. Green preparava-se para ir ao seu encontro, quando foi abordado por uma jovem:

- O senhor é Julien Green?

- Sim, senhora.

- O senhor não comprou uma *Bíblia* grega, em 1923?

Essas palavras fizeram o escritor estremecer. Cheio de espanto, encarou a moça:

- Sim, senhorita.

Ela se desculpou, contou como o reconhecera, e prosseguiu:

- Eu tenho essa *Bíblia*. O seu nome está lá dentro. O senhor ficaria contente se eu a deixasse na portaria?

Green respondeu que se sentiria feliz se ela pudesse subir ao seu apartamento e devolvê-la em mãos.

- Bem, qualquer dia desses, eu entro em contato com o senhor, respondeu a moça, despedindo-se.

Por delicadeza, Green não perguntou a Maritain a circunstância em que ele se desfizera da *Bíblia*, ou se o livro lhe fora roubado.

Três dias depois, a moça apareceu para lhe entregar a preciosidade, que havia adquirido em um buquinista. Quais as conclusões que o escritor tirou da história?

> Irão me dizer que houve um concurso de circunstâncias e que tudo pode ser explicado logicamente. Bem que

eu gostaria disso, mas as coincidências me parecem numerosas demais para que o mistério não tenha também a sua parte na narrativa. O momento mais curioso é aquele em que a jovem se dirigiu a mim na rua, no momento em que Jacques saía do carro como para me trazer o livro da parte de sua mulher, que talvez eu tivesse desafiado sem saber, ao afirmar que os mortos não se comunicam com os vivos, mas persisto em acreditar que essa comunicação é impossível, e peço uma prova mais sólida. Alguns me acharão muito exigente!

ERA ASSIM QUE OS AMIGOS MAIS CHEGADOS COSTUMAVAM SE REFERIR AO ESCRITOR. ALIÁS, COM ALGUMA RAZÃO. FILÓLOGO, POETA, CONTISTA, JORNALISTA,

10. João Ribeiro e as Borboletas

– E São João Ribeiro, como vai?

Era assim que os amigos mais chegados costumavam se referir ao escritor. Aliás, com alguma razão. Filólogo, poeta, contista, jornalista, dono de uma erudição imensa, João Ribeiro tinha no trato humano a simplicidade dos pobres de espírito.

Não atropelava ninguém com os seus conhecimentos, mas estava sempre disposto a desfazer uma dúvida, lembrar um nome ou uma data, explicar um ponto complexo de história ou de literatura.

Esse comportamento podia não ser uma prova de santidade. Mas, era quase um milagre, numa época em que as pessoas usavam o conhecimento para se promover, envaidecer-se, quando não para humilhar os próximos ou os distantes.

Professor do colégio Pedro II, era querido e respeitado pelos alunos como talvez nenhum outro. Vivia sem grandes ambições. Parece que o estudo lhe bastava para a felicidade. Uma única vez tentou se afastar desse caminho.

Morrera, no Rio, um comerciante homônimo. A notícia foi transmitida a Sergipe, terra natal do escritor, sem maiores esclarecimentos. Pensando que se tratava do ilustre filho da terra, os jornais sergipanos se excederam nos elogios. Para eles, acabara de morrer o maior homem nascido no estado. Sergipe deveria ter aproveitado melhor o seu talento e sabedoria e patati e patatá.

Quando esses jornais chegaram ao Rio, com aqueles necrológios tão lisonjeiros, João Ribeiro achou que podia confiar na admiração dos conterrâneos. Chegadas as eleições, candidatou-se a deputado federal, certo de que seria eleito. Seu adversário era um coronel analfabeto, chefe político no interior. O resultado foi uma decepção e uma lição. O coronel teve 14.370 votos e João Ribeiro, 135.

Esse homem polido, tolerante, tranquilo, à semelhança do velho Anatole France, gostava das lendas cristãs, da vida dos santos. Apreciava-os, mas não acreditava em nada. Era um cético em tempo integral. Se lhe dissessem que as vibrações humanas impregnam os ambientes onde são emitidas e até os objetos circundantes, por certo sorriria, sem querer ofender ninguém, mas também sem acreditar em um centavo daquilo. No entanto...

Aconteceu que lá pela década de 1890, o escritor comprou uma casinha em Santa Teresa, local magnífico para quem gosta de estudar: silencioso, cercado de mata, com uma vista esplêndida para o Rio de Janeiro.

Sem nunca ter se interessado por entomologia, de repente, sem saber como e nem porquê, começou a colecionar borboletas. Adquiriu os apetrechos de caça, comprou todos os livros que achou sobre lepidópteros.

A coleção já estava bastante adiantada, quando o escritor soube que a casa em que morava havia sido residência, durante muitos anos, de um grande colecionador e estudioso de borboletas, o alemão Beninghausen.

Depois de contar essa história, conclui o cético João Ribeiro:

> Eu não creio nos influxos astrais, e muito menos no prestígio dos deuses lares e penates. Professo a cômoda superstição da coincidência, do acaso... Todavia, essas coisas fazem pensar.

HORÁCIO DE CARVALHO FOI UM DOS MAIORES CONHECEDORES DE CIÊNCIAS OCULTAS NO BRASIL DO SÉCULO 19 E INÍCIOS DO 20. PARECE QUE NÃO SE LIMITOU AOS CONHECIMENTOS

11. Horácio de Carvalho e a Aparição de Júlio Ribeiro

Horácio de Carvalho foi um dos maiores conhecedores de ciências ocultas no Brasil do século 19 e inícios do 20. Parece que não se limitou aos conhecimentos teóricos. Pelo depoimento de alguns contemporâneos, teria desenvolvido poderes paranormais e alcançado aquela serenidade interior, que nasce da compreensão das leis da vida e do sentimento de tolerância, objetivo de todo iniciado.

Falar em iniciado, no seu caso, seria um exagero, pois não chegou a se filiar a nenhuma seita secreta. Quando muito, foi um autoiniciado. Mestres não teve, com certeza. Seus mestres foram os livros. Leu todo o possível sobre ocultismo, esoterismo, rosacrucianismo, espiritismo, formando uma biblioteca notável pela quantidade e seleção.

Nascido em Itabira do Mato Dentro, Minas Gerais, em 1857, Horácio teve, como os integrantes de sua geração, típica do estúpido século 19, uma formação intelectual modelada pelo materialismo.

Em filosofia, adotou as ideias de Herbert Spencer, Stuart Mill, Letorneau. Iniciando-se na literatura, abrigou-se à sombra imensa de Émile Zola. A sua única obra de ficção, o romance *O cromo*, pertence ao naturalismo pela concepção e pela pretensão de seguir os princípios expostos por Zola no *Rougon-Macquart*, se bem que o fundo seja romântico.

Espírito independente, livre-pensador, Horácio começou a se interessar pelo ocultismo em 1885. Neste ano, o debate sobre o hipnotismo se tornara particularmente agudo na França. De um lado, o grande Charcot, mestre da escola de Salpetrière, defendia a utilização terapêutica do hipnotismo, cuja eficácia era posta em dúvida pelos professores da escola de Nancy.

Acompanhando a polêmica, Horácio ficou impressionado com as revelações sobre o magnetismo animal e os mistérios da mente humana. Resolveu, então, verificar os fatos por si mesmo. Começou a ler, meditar, comparar. Em pouco tempo, estava convencido.

Entregou-se também a experiências ocultas e às práticas espíritas. Recém-chegado a São Paulo, o médium Carlos Mirabelli realizou sessões em casa de Horácio, até que se desentenderam, num episódio de explicação contraditória.

A partir de certa época, parece que Horácio ganhou uma certa auréola de mago, capaz de discernir o oculto e ver o futuro. Conta-se que um repórter encontrou-o em um bonde, e começaram a bater papo. Em meio à conversa, o ocultista teria revelado que a república seria proclamada em Portugal. O fato ocorreu, meses depois, para surpresa do repórter.

O fato é que Horácio nunca alardeou os seus dons ocultos, se é que os teve, e nada publicou sobre ocultismo. Mas, no exemplar de *Le psychisme expérimental,* de Alfred Erny, subtitulado *"Études des phénomenes psychiques"*, que lhe pertenceu, ele deixou na falsa folha de rosto um precioso depoimento, com a sua caligrafia de monge medieval:

> O sobrenatural não existe. O que existe é: – ou o *desconhecido* ou o anormal.
>
> Os fenômenos de que trata este livro são positivamente reais, e hoje – até experimentais. A interpretação científica deles é que varia. Os ocultistas os conhecem há mais de 12.000 anos, desde os tempos da 'iniciação egípcia', e os explicam por leis que obedecem a um vastíssimo e homogêneo sistema filosófico.
>
> Há apenas uns 8 ou 10 anos que a Europa os estuda sistematicamente, e as poucas descobertas que têm feito neste terreno, só têm vindo confirmar o que ensinaram os ocultistas orientais – da Índia (dos vedas), do Egito (de Hermes) e até da própria Grécia do tempo de Pitágoras e de Platão.
>
> Quem tiver lido este livro terá, pois, uma ideia externa, de conjunto, de tudo que modernamente é qualificado sob os termos: *ocultismo, ciências ocultas, hermetismo, teosofia* (indu), incluindo também o *espiritismo,* que, para os ocultistas, é apenas um capítulo infinitesimal e sem importância sobre o transformismo invisível e póstumo da fauna animal e humana.

O escrito, datado de 13 de fevereiro de 1896, traduz de forma bem clara a sua posição diante da fenomenologia oculta, inclusive o espiritismo.

Essa posição levou-o a debates ardentes com Júlio Ribeiro, o autor de *A carne.* Não podia haver dois temperamentos mais opostos e nem crenças pessoais mais contrastantes. Horácio acreditava nos fenômenos ocultos, Júlio era um cético intransigente.

No entanto, trabalhando juntos na imprensa paulistana e depois em Santos, os dois se tornaram amigos íntimos. A discussão parecia ser o tempero daquela amizade. Em certa ocasião, talvez para evitar atritos mais graves, combinaram que o primeiro que morresse voltaria para comprovar ao outro a sobrevivência do espírito.

Júlio Ribeiro faleceu a 1º de novembro de 1890. O diário que ele dirigia acabou cerrando as portas. Certa tarde, quase noite, Horácio passava diante do edifício do jornal, quando percebeu que havia luz na sala de redação.

Intrigado, dirigiu-se à casa de dona Belisária Ribeiro, viúva de Júlio, indagando-lhe se havia mandado alguém ao jornal. Diante da resposta negativa, imaginou que seriam ladrões. Apanhou a chave do prédio e dirigiu-se para lá.

Por precaução, antes de abrir a porta da redação, espiou pela fechadura. Viu então um homem que, de costas para ele, lia um jornal. O estranho visitante foi se voltando para a porta, lentamente e, baixando o jornal que lia, dirigiu o olhar para a fechadura, de onde Horácio o fitava. Os olhares se cruzaram, não deixando ao vivo a menor dúvida que se tratava de Júlio Ribeiro.

Desejando tirar tudo a limpo, Horácio coloca a chave na porta e abre-a. A sala estava às escuras, silenciosa, o lampião apagado, sem nenhum cheiro de que fora usado.

PARA HENRI BERGSON, A SENSAÇÃO DO *DEJÀ-VU* OU DO *DEJÀ-VECU* É UMA FORMA DE DESATENÇÃO À REALIDADE. FREUD CONSIDERAVA O FENÔMENO COMO A RECORDAÇÃO DE UMA FAN-

12. Augusto Frederico Schmidt: Visão do Poeta

Para Henri Bergson, a sensação do *dejà-vu* ou do *dejà-vecu* é uma forma de desatenção à realidade. Freud considerava o fenômeno como a recordação de uma fantasia inconsciente. Ou seja: no momento em que a sensação ocorre, atinge alguma coisa experimentada antes pela pessoa. A impossibilidade de recordá-la decorre do fato de ela permanecer nos porões do inconsciente, sem nunca aflorar à consciência. A repressão não permite que venha à tona, e a pessoa tem a sensação enganosa de já ter visto tal coisa ou ter vivido aquele momento.

Freud cita o exemplo de uma senhora de 37 anos que, aos 12 anos, visitara amigas no campo. Ao entrar no jardim, teve a sensação de que já estivera ali antes. O fenômeno repete-se na sala e intensifica-se de tal maneira que ela é capaz de dizer o aposento que vem em seguida e de descrever a visão que se tinha da janela do quarto. A possibilidade de uma visita anterior ao local fora absolutamente descartada.

O psicanalista narra que as anfitriãs tinham um irmão tão doente que a visitante achou que ele morreria. Meses antes, o seu irmão também adoecera. Evocando a viagem à casa das amigas, 25 anos mais tarde, não conseguia se lembrar se este irmão fora ou não em sua companhia. Quanto ao mais, lembrava-se de tudo com absoluta nitidez, inclusive o vestido que usava.

Para Freud, quando o irmão adoeceu, a ideia de que ele morreria ocupou os seus pensamentos, sem se tornar consciente, ou, se conscientes, tendo sofrido uma violenta repressão posterior. Talvez até desejasse que o irmão morresse, quando passaria a ser filha única. Ao encontrar uma situação análoga em casa das amigas seria natural recordar a doença do irmão.

"Em vez de lembrar isto - o que foi impedido pela repressão -, transferiu o sentimento de lembrar alguma coisa para os arredores, o jardim e a casa, e ficou sujeita à *fausse reconnaissance* de já ter visto tudo isto exatamente igual antes", explica Freud. Só não esclarece como ela sabia a divisão dos aposentos da casa e a visão que teria da janela do quarto.

Há ainda um outro ponto frágil na explicação freudiana: a visitante sabia da doença do irmão das amigas? Ou teria sido informada no decorrer da visita, como seria natural? Neste caso, ao chegar ao jardim e ter a primeira sensação de *dejá-vu*, desmontaria toda a tese de Freud, armada sobre a semelhança de situação de um irmão doente.

Encarando o fenômeno de maneira inteiramente diferente, os espiritualistas opinam que a sensação do *dejà-vu* pode decorrer da premonição ou de fatos ocorridos no passado, inclusive em encarnações anteriores. Onde a verdade?

Um bom exercício de perspicácia é buscar a explicação adequada para cada acontecimento, como, por exemplo, o vivido pelo poeta Augusto Frederico Schmidt, palpitante como a árvore verde da vida.

Como muitas pessoas de aguda sensibilidade ou de forte tendência artística, desde a infância o poeta - na rua, numa condução ou num local público - tinha a sensação de já ter conhecido pessoas que apenas entrevira. Essa sensação persistiu até a idade madura.

Desde pequeno, o canto do galo exerceu uma influência poderosa na imaginação de Schmidt, atingindo-lhe o mais profundo da sensibilidade. À noite, sempre que ouvia a ave cantar, era envolvido por uma sensação estranha, como se mergulhasse numa terra de sonho, um tanto sombria. Olhos cerrados, via uma casa, situada no centro de um grande parque; ouvia vozes, que pareciam rezar ou formular súplicas mansas e assustadas, e distinguia o rosto de uma mulher.

"Esse rosto, essa mulher estava próxima e ao mesmo tempo separada de mim por uma vidraça. Era uma criatura de vinte anos, talvez, e que eu não vira jamais na vida", conta Schmidt.

Obcecado por este rosto noturno e misterioso, o poeta tentou explicá-lo de forma lógica e racional. Para ele, a origem dessa visão recorrente estaria ligada à crendice de que a hora do canto do galo favorece o roubo das moças. É uma explicação como outra qualquer, mais poética do que consistente.

Um dia, Schmidt encontrava-se à beira de uma estrada, no interior da França, encantado com "a paisagem calma, de uma terra humana e madura", quando passou um comboio, transportando um circo. Sucediam-se os carros, repletos de móveis, objetos e utensílios típicos da vida circense. Depois, vinham os veículos maiores, conduzindo os artistas, "a gente grave, a gente discreta, a gente suave das pantomimas e do trapézio". No fim, sozinha, distraída, lendo alguma coisa, livro ou revista, vinha a moça cujo rosto, desde menino, o poeta via sempre numa janela, através das vidraças.

O poeta encontrava-se à porta de um *auberge*. Por um momento, o comboio parou bem à sua frente. Dessa forma, pôde ver bem aquele rosto com que vinha sonhando há tanto tempo. Por um momento, o olhar da moça desviou-se da leitura e fixou-se em Schmidt.

> Naturalmente não me reconheceu. Não se lembrou do sonho que nos reunia, dessa vida anterior em que estivemos próximos, talvez, um do outro. Mas era ela mesma. Os mesmos olhos cinzento-azuis, os cabelos penteados de maneira que as orelhas ficassem descobertas, o seu ar sólido e ao mesmo tempo secreto e fugidio. Não hesitei em reconhecê-la, sem compreender sequer quanto era misterioso aquele encontro. Passou por mim e sumiu-se. Quem seria? Uma trapezista ou dançarina de circo? Uma rapariga nobre, roubada por ciganos, de noite, na hora em que os galos cegos cantam? Não sei.

Desde então, os galos podiam cantar à vontade. O poder evocativo do seu canto cessara. A magia estava desfeita. Aquele rosto misterioso, que durante tantos anos se apresentara ao poeta, em sonhos de olhos fechados, depois de ser visto na vida real, numa tarde no interior da França, à beira de uma pequena estrada, nunca mais apareceu, deixando um sentimento de indisfarçável melancolia no poeta:

> Tenho apenas, como certo, que não a reverei mais, nem neste mundo nem no outro, e que não contemplarei mais o seu rosto grave, os seus cabelos castanhos penteados para o alto, os seus olhos indefiníveis, que me olham através de uma vidraça, e que uma vez pousaram sobre mim, sem me reconhecer, na hora do encontro único.

NENHUMA BIOGRAFIA DE D. PEDRO II REGISTRA O EPISÓDIO DO APARECIMENTO DO ESPÍRITO DO IMPERADOR A UM SACERDOTE AMIGO, NO MOMENTO EM QUE EXPIRA-

13. A Despedida de D. Pedro II

Nenhuma biografia de d. Pedro II registra o episódio do aparecimento do espírito do imperador a um sacerdote amigo, no momento em que expirava. Mas será que se pode acreditar em tal versão? Quem a narrou foi pessoa digna de crédito? Antes de abordarmos tais pontos, vamos recapitular como foram os últimos dias do monarca, no exílio parisiense.

Em outubro de 1891, d. Pedro II passou a viver no Hotel Bedford, na rua de l'Arcade, 17, próximo à praça da Concórdia e à igreja da Madeleine. A vantagem da localização central era atenuada pela modéstia das instalações. "O hotel parece mal escolhido", anotou o imperador em seu diário, com uma pontinha de melancolia.

O ânimo, porém, não se deixava abater. Continuava interessado em aprender, como se fosse um jovem. Fazia planos. O estudo consolava-o das desilusões e da decadência física.

A saúde, que já não era boa quando deixou o Brasil, continuava em declínio, agravada pelo terrível inverno europeu. A diabetes minava-lhe as forças. Num passeio a Saint Cloud, apanhou um resfriado, que se transformou em pneumonia. Os médicos alertaram: todo cuidado era pouco. Nada de sair à rua.

Desde que chegara à França, seja em consequência da aridez do exílio, da frustração da perda do poder, da saudade do Brasil ou da influência da princesa Isabel, sempre agarrada aos padres, o imperador se reaproximou da igreja, talvez demonstrando uma fé que não sentia.

As pessoas que o conheceram na intimidade são unânimes em afirmar a sua indiferença em matéria religiosa. Imperador, comparecia às missas e solenidades religiosas pela simples obrigação de um governante de país católico.

Em Paris, assistia à missa e confessava-se com regularidade. Frequentava a igreja da Madeleine, a dois passos do hotel. Ali, recebia a assistência espiritual do padre lazarista Jean Pierre Armand David, uma personalidade notável e um erudito. Viajara por diversos países, em 1862 percorrera a China como missionário, capturando pássaros e almas. Pelo mérito de sua produção intelectual, tornou-se membro do Instituto de França. O imperador gostava de conversar com o *père* David, por certo preferindo o sábio ao religioso. A amizade estreitou-se.

Estávamos no final de novembro. A pneumonia agravou o quadro clínico do imperador. No dia 2 de dezembro não pôde ir à Madeleine. A missa das oito horas foi rezada em seu quarto, pelo *père* David. A junta médica - o conde de Mota Maia, Charcot, Bouchard - declara que não havia mais o que fazer.

Por solicitação da princesa Isabel, um sacerdote da igreja da Madeleine vai ministrar a extrema-unção ao imperador. D. Pedro morreu no dia 5 de dezembro de 1891, à meia-noite e 35 minutos. Neste momento, o seu espírito apareceu ao *père* David, que se encontrava em casa, deitado, mas ainda sem dormir, naquele estado entre vigília e sono.

Mas será que se pode acreditar em tal versão? Quem a narrou foi pessoa digna de crédito? Pois bem, o fato, desconhecido dos biógrafos do imperador ou omitido de propósito, foi narrado pela insuspeita princesa Isabel, em carta dirigida a Antonio Felício dos Santos, e reproduzida em *facsimile* na revista carioca *Selecta*, de 15 de fevereiro de 1919. Eis o seu texto, com a ortografia atualizada:

> EU (*Seine Inférieure*)
> 16 de julho de 1918
> Meu prezado dr. Felício dos Santos
>
> As narrativas que me trouxe seu livro[1] enviado pela querida Amandinha[2], com a dedicatória que muito me sensibilizou, interessaram-me vivamente, e interessaram neste momento suas antigas conhecidas, minhas tão dedicadas amigas, as filhas do visconde da Penha[3] de tão saudosa memória. Com prazer constato sua fé tão firme. Fé, esperança e caridade, e o Senhor as tem. O Senhor contou-me o que se passou consigo. Deixe-me narrar-lhe fato que se deu, e que para mim foi consolo no meio de minha grande dor pelo falecimento de meu Pai. Meu pai, como o Senhor o sabe, era um crente. Sua saúde, já um tanto alterada no Brasil, continuou a dar-nos cuidado na Europa. Sofria de diabetes, e como não lhe era fácil nos últimos tempos ir à igreja para a missa de domingo, um frade vinha dizê-la no hotel onde se achava. Por último foi encarregado de celebrar o Santo Sacrifício o père David, lazarista, sábio, membro do Instituto de França, viajante que fora em diversos países longínquos, de caráter muito modesto e assentado, e um santo padre. Meu pai,

tendo-se resfriado, foi obrigado a deitar-se. O dr. Mota Maia vem ter comigo e disse-me: "O imperador não tem nada de grave por ora, mas à vista do seu estado diabético tudo se pode recear. Ele tem costume de confessar-se e comungar pelo Natal. Não seria bom que eu lhe propusesse tal fazer por ocasião do dia 2 de dezembro dia dos seus anos?" Respondo-lhe logo "O Senhor sabe como penso, estimarei bem que o Senhor proponha a meu pai confessar-se e comungar". Assim foi feito. O *père* David veio no dia 2, confessou meu pai e deu-lhe a comunhão. Meu pai, que estimava muito o excelente e sábio padre, e conversava sempre com muito prazer com ele, abraçou-o, agradeceu-lhe muito, e o padre se foi. Meu pai, no dia 4, piorou-se muito e foi-lhe dada a extrema-unção por um digno sacerdote da Igreja da Madalena. No dia 5 expirava! No dia seguinte, vem ao hotel ver-me o *père* David e contou-me: "À hora em que o imperador expirou não tinha ideia alguma que ele tivesse piorado, não dormia, estava *assoupi*, quando, de repente, vi o imperador aparecer-me como um corpo glorioso. Levantei-me, pensei logo que alguma cousa se passara e, acendendo uma vela, rezei pelo imperador. Quando li os jornais pela manhã, vira que o imperador falecera!" – Anos depois, o bom *père* David ainda vivia e indo ter com ele pedi-lhe que de novo me contasse o que ele vira. "Vi o imperador, o seu busto, como um corpo glorioso, e mais belo do que nunca o vira", disse-me o *père* David.

Eis, meu prezado dr. Felício dos Santos, minha narrativa. Estou convencida de que o interessará. Creia em minha simpatia e amizade Isabel Condessa d'Eu.

Notas:

[1] Refere-se ao livro *Casos reais a registrar* (1918), no qual Antonio Felício dos Santos narra uma série de experiências paranormais que viveu, e que o levaram a se converter ao espiritismo. Mais tarde, tornou-se católico convicto. Felício nasceu em Diamantina (MG), em 3 de fevereiro de 1843. Era sobrinho do escritor e político Joaquim Felício dos Santos, autor do clássico *Memórias do Distrito Diamantino* (1868). Formado em medicina, militou na política, falecendo no Rio de Janeiro, em 6 de setembro de 1931. A propósito de suas experiências paranormais, consultar: Ubiratan Machado. *Os intelectuais e o espiritismo,* 2ª edição. Niterói, Lachâtre, 1996.

[2] Maria Amanda Paranaguá, filha do conselheiro João Lustosa da Cunha Paranaguá. Foi amiga de Isabel desde a infância. Em 1862, as duas brincavam de fazer horta, quando a princesa, ao levantar a picareta, atingiu um dos olhos de Amandinha. Apesar dos esforços médicos, a menina perdeu a vista. Casando-se com Franklin Dória, barão de Loreto, tornou-se baronesa de Loreto, passando a assinar-se Maria Amanda Paranaguá Dória.

[3] João de Sousa da Fonseca Costa (Rio de Janeiro, 1823-Paris, 1902), barão e visconde com grandeza da Penha, foi marechal do exército, ajudante de campo do imperador, grande do Império, veador da imperatriz. Recebeu várias condecorações, inclusive por bravura durante a guerra do Paraguai.

[4] Segundo depoimento da própria princesa Isabel, o sacerdote que ministrou a extrema-unção ao imperador foi o *abbé* d'Angily.

II – Em Busca do Espírito

Quanta afirmação sobre tanta incerteza!
Eça de Queiroz

NAQUELA PEÇA SINGULAR, QUE PARECIA UM ATELIÊ FOTOGRÁFICO COM BRINQUEDOS PARA CRIANÇAS, IAM ACONTECER FENÔMENOS SOBRENATURAIS. CONFESSO QUE SENTI UMA

1. Thomas Mann: Mergulho num Mundo Alucinante

Um artista como Thomas Mann, curioso de todos os aspectos da vida - da vida em sua plenitude, com suas belezas e suas sordícias -, não poderia deixar de se interessar pelo oculto, o mágico, as coisas luminosas ou tenebrosas que vêm do outro lado do mistério.

No início da década de vinte, já então universalmente consagrado, reconhecido como uma personalidade europeia, um cidadão do mundo, o escritor aceita participar de experiências metapsíquicas (como se dizia na época), então desenvolvidas pelo célebre médico barão Albert Freiherr von Schrenck-Notzing.

Aceitar parece um termo muito passivo e frágil para designar a ligação inicial de Mann com os fenômenos ocultos. A verdade é que ele se deixou envolver menos pela curiosidade tolerante e cética, que gostava de alardear, do que por uma paixão inquietadora, - misto de atração e repulsa, fascínio e desconfiança, - que procurava atenuar, a fim de não ser confundido com um crédulo qualquer.

Essa precaução talvez tenha sido a responsável pelas duras palavras de repúdio ao espiritismo e de desconfiança em relação ao ocultismo, que servem de introdução à narrativa dos fatos presenciados no elegante palacete do barão. Havia alguma razão para tal.

Naqueles anos trágicos, nos quais a sociedade alemã emergia da I Guerra Mundial empobrecida e aturdida, o país enfrentava uma autêntica epidemia de ocultismo, de espiritismo, de sonambulismo e outros ismos, sendo que em todos eles ocupava um grande lugar o charlatanismo. Difícil distinguir as experiências legítimas da burla.

Era nesse ambiente, sob os olhares desconfiados da sociedade alemã, que atuava o barão von Schrenck-Notzing. Nos anos 1920, era um homem maduro, escrupuloso e milionário, que não se abalava às críticas. Nascido em 1862, em Odenburg, na Áustria, adotara desde jovem Munique como sua terra. Ali, diplomou-se em medicina, em 1888.

Já então, interessava-se pelos fenômenos paranormais, que passou a estudar com Karl von Prel. Como o mestre adotasse o espiritismo, afastou-se dele, em busca de explicações mais racionais para os fenômenos que presenciava, iniciando também correspondência com sábios de toda a Europa.

Por sugestão de Charles Richet, Notzing dedicou-se em especial aos problemas da mediunidade de efeitos físicos. Relacionou-se com os médiuns alemães e estrangeiros mais considerados à época, que auxiliaram as suas pesquisas e aos quais estudou: Eglinton, Heine Schraps, a italiana Eusapia Paladino, L. Sordi, L. Cazzera, a polonesa Stanislava P., a francesa Marthe Béraud.

As conclusões de suas experiências foram apresentadas em trabalhos que causaram revolta, indignação e riso entre os cientistas alemães, antes da guerra. Essas reações não o abalaram, mas parece até que o estimularam.

Quando Thomas Mann o conheceu, Notzing trabalhava com Willy Schneider, irmão do também médium Rudi Schneider, que seria igualmente estudado pelo barão e por Carl Gustav Jung.

Em sua autobiografia, Rudi Schneider narrou como despontaram os poderes mediúnicos do irmão mais velho. Em certo dia de 1918, alguns oficiais do exército alemão da guarnição de Braunau-am-Inn, cidadezinha situada na fronteira com a Áustria, procuraram a pequena tipografia da cidade para comprar aparas de papel.

Os militares explicaram à moça que os atendeu que costumavam se reunir para dialogar com o além, através de uma mesa falante. Movida pela curiosidade, a jovem resolveu organizar uma sessão. A mesa, porém, manteve-se imóvel. Pensavam em desistir, quando chegaram ao local dois rapazinhos, filhos de um tipógrafo, que foram convidados a completar o círculo. Imediatamente, a mesa começou a se mexer, por influência de Willy, então com 15 anos.

Rudi Schneider conta que, para se comunicar com o espírito que movimentava a mesa, o rapaz apanhou a prancheta e perguntou-lhe o nome. Olga, foi a resposta. O espírito contou a sua história na Terra e disse que, em uma de suas encarnações, havia sido Lola Montès, a favorita de Luís II da Baviera.

A novidade correu a cidadezinha. Willy passou a dar consultas públicas, incorporando Olga, cujas respostas eram cheias de sentido. Alguém mais ousado, um pintor profissional, pediu ao espírito uma prova mais consistente. Ele concordou: "À meia-noite, eu me revelarei".

À hora aprazada, os assistentes foram envolvidos por um turbilhão de vento violento. Ouviu-se também uma batida surda embaixo da mesa. Naquela noite, mais nada aconteceu. No dia seguinte, a toalha da mesa movimentou-se de maneira insólita, sob a ação de uma "onda nebulosa". No outro dia, novos progressos: apareceu uma mão, que puxou a toalha. Alguns espectadores aproximaram-se e tocaram-na.

Nas sessões seguintes, os fenômenos se multiplicaram e se tornaram de mais fácil observação: telecinesias, materializações em plena luz.

Algum tempo depois, Olga alegou que precisava da colaboração de Rudi, então com 11 anos, que dormia num quarto vizinho. O garoto levantou-se, em estado sonambúlico, e foi substituir o irmão. A partir daí, Olga tornou-se o guia de Rudi, enquanto Willy passava a receber a entidade que se denominava Mina.

Em 1919, Schrenck-Notzing viaja a Braunau. Entusiasmado com os dons de Willy, leva-o para Munique, arranja-lhe um emprego de aprendiz de protético e inicia experiências em sua casa, antes de levá-lo ao Instituto Psicológico da Universidade de Munique.

As sessões com o jovem médium tornam-se um acontecimento na vida da cidade, frequentadas - mais ou menos às ocultas - por pessoas da sociedade, artistas, jornalistas, e pesquisadas por figuras de relevo nas ciências alemães, como Hans Driesch e Osterreich.

Ao chegar ao palacete do barão, Mann debatia-se numa posição ambígua em relação aos fenômenos ocultos. Não acreditava neles (ou, pelo menos, assim proclamava), mas gostaria que se manifestassem diante de seus olhos. Racionalista, cético, mas não intransigente - proclamava o seu 'ceticismo positivo' –, estava consciente da sedução mágica e da repulsa que o assunto exercia sobre si.

Anos antes, um acontecimento paranormal havia perfurado a implacável crosta de racionalismo sob a qual se abrigavam os intelectuais da família Mann. Em 1910, Heinrich, o irmão mais velho de Thomas, sentira uma espécie de aviso psíquico de que sua namorada, Carla, se suicidava naquele momento, como se comprovou mais tarde. Os dois estavam separados por mais de trezentos quilômetros.

Qual teria sido a conclusão de Thomas, diante do fato? Dúvida? Ceticismo positivo? Acreditaria num delírio do irmão? Ou apostaria numa coincidência? Qualquer que tenha sido a sua reação, o fato está na origem do desejo por ele manifestado, algum tempo depois, de participar de uma sessão, o que acabou não acontecendo.

O fascínio pelo oculto permaneceu adormecido durante anos, como os desejos recalcados, e por isso mesmo mais insinuantes. O conhecimento direto dos fenômenos, com a frequência às sessões organizadas pelo barão, provocou um intenso abalo sísmico na sensibilidade do escritor, deixando-o em posição semelhante à de um homem perdido em uma região de areias movediças, temeroso de ser tragado por elas a qualquer momento.

São sintomáticas desse estado de espírito a insistência com que Mann, em seu depoimento, apela para as luzes do racionalismo, como em busca de um ponto de apoio, e, contraditoriamente, as náuseas experimentadas diante de alguns fenômenos desencadeados por Willy.

Um tanto desconfiado e tímido a princípio, o escritor acabou irresistivelmente seduzido pelas façanhas do jovem médium. Não havia como negá-las: o controle era rigoroso e inexistia qualquer possibilidade de fraude.

Constatar a lisura dos fenômenos era uma coisa, proclamá-las de público, outra. Tal atitude exigia coragem, já que se tocava em um assunto tabu, que encrespava as sobrancelhas dos padres católicos e dos pastores protestantes, muito poderosos ainda na sociedade alemã como guias de consciência, e fazia sorrir os sábios, um sorriso amarelo talvez, mas sempre acompanhado de um gesto desdenhoso.

Mann aceitou transgredir os tabus, pautando-se por alguns mandamentos pessoais. O primeiro consistia em negar qualquer interferência sobrenatural. Diante dos fenômenos presenciados, como em seu texto, teve a preocupação de manter uma atitude objetiva e crítica, identificada com o espírito científico, em busca de uma explicação racional, desvinculada de crenças mágicas ou religiosas.

Esquivava-se às explicações espíritas, às prevenções ridículas da ciência da época e às maldições religiosas. Se a maioria dos cientistas considerava os fenômenos ocultos como puro charlatanismo, os católicos e protestantes acreditavam em sua existência, mas como façanhas diabólicas. Era essa a mentalidade da época. Basta lembrar que a maioria dos sacerdotes católicos negava a existência do hipnotismo, atribuindo-o a tramoias do diabo.

Ao constatar a lisura dos fenômenos, Mann procurou explicá-los como manifestações de forças naturais, ainda pouco estudadas e conhecidas. Não se arrisca a falar em forças do inconsciente, conforme a teoria de Carl Gustav Jung. Na realidade, limitava-se a repetir as ideias defendidas pelo barão Schrenck-Notzing, lógicas, coerentes, imprecisas, que podiam justificar tudo.

O mais difícil de explicar eram os fenômenos causados pelo ectoplasma. A fisiologia clássica desconhecia essa substância gelatinosa, esbranquiçada, emitida pelo médium, descrita pela primeira vez por Schrenck-Notzing. Richet, que a batizou, definiu-a como "expansão fluídica dotada de uma força mecânica inteligente".

Schrenck-Notzing afirmava que o ectoplasma era capaz de provocar materializações, mas essas seriam apenas exteriorizações de figuras existentes ou modeladas na mente do médium. Negava-se a admitir que a substância pudesse ser utilizada para a materialização de entidades não-físicas ou espíritos.

Mann endossou a tese do barão. Admitia que o ectoplasma, como uma espécie de prolongamento do corpo do médium, permite-lhe provocar fenômenos de materialização, assim como atuar sobre objetos à distância. Esta sua última convicção foi confirmada ao constatar traços de argila na mão do médium, após ver uma formação ectoplásmica modelar uma mão.

Durante a experiência, Willy achava-se de mãos e pernas seguras pelos controladores, mas, mesmo que as tivesse livres, seria impossível alcançar a argila, devido à distância.

As conclusões de Mann eram avançadas para a época, sem serem pioneiras. Anos mais tarde, num caso semelhante, um parapsicólogo conservador, Robert Amadou, consideraria tais resíduos exatamente como uma prova de fraude.

Aliás, para o estudioso francês não havia médium que não trapaceasse. Podia não ter sido pilhado em flagrante, mas seria sempre um trapaceiro em potencial. Quem quiser mais detalhes, leia o seu livro *Os grandes médiuns.*

Em relação à fraude dos médiuns, Mann adota uma posição cautelosa e muito mais compreensiva que a de Amadou. Reconhece a honestidade da maioria deles e isenta-os de qualquer intenção deliberada de trapaça, defendendo a tese de que elas nasceriam da impossibilidade do médium, em transe, distinguir entre o que realiza por meio de forças paranormais e o que executa por meios 'habituais'.

A favor desta teoria, podemos lembrar o caso citado por Amadou do médium em transe, a quem pediram que acendesse a luz. Claro que a intenção era que a operação fosse executada através da psicocinesia. Qual não foi a surpresa de todos, quando o sensitivo se levantou da cadeira, dirigiu-se ao interruptor e acendeu a luz.

O problema é complexo, pois envolve também aspectos de simples psicologia. Lembremos que um número razoável de médiuns pegos em flagrante de trapaça o fizeram de maneira consciente e quase afrontosa. O principal seria saber o que os impeliu a agir daquela maneira. O que levaria uma médium fantástica, como Eusapia Paladino, a fraudar? Seria a vaidade? Um vício? Um padrão de comportamento? A certeza de que os cientistas e pesquisadores que a observavam não passariam de tolos pretensiosos, aos quais seria fácil lograr? Ou seria apenas uma espécie de desforra, contra tantos controles e desconfiança? Hoje, sabemos como esses controles cansam e irritam o médium, obrigado a executar voluntariamente fenômenos que se caracterizam pela espontaneidade.

*
* *

Experiências ocultas pode ser visto como uma reportagem brilhante, apesar de o repórter trair alguns postulados básicos do jornalismo.

Assim, não deixa de ser curioso que, em nenhum momento, Mann tenha se interessado em sondar a opinião do médium sobre os fenômenos que ele produzia. Não nos informa se Willy Schneider acreditava incorporar as entidades denominadas Mina e Erwin ou se endossava o juízo expresso pelo escritor de que as personalidades que se manifestavam por seu intermédio não eram espíritos desencarnados, mas desdobramentos de sua psique.

O escritor limita-se a transcrever o pensamento, mais ou menos malicioso e bonachão, dos presentes, de que Mina e Erwin eram um capricho do médium, uma infantilidade inconsequente. Com essa atitude, sonegou detalhes esclarecedores que poderiam ser fornecidos por Willy: o que sentia no momento em que Mina se manifestava, se costumava vê-la, ouvi-la, aconselhar-se com ela etc.

Absorvido pelos fenômenos que presenciava, o grande escritor se esqueceu de que o principal responsável por eles era um ser humano, que lhe poderia ser uma rica fonte de informações. Nesta atitude, havia um inegável sentimento de superioridade - bem germânico, aliás - do artista em relação ao médium.

Para Mann, parece que Willy não passava de um simplório ou um simples robô de forças que não entendia. Considerava-o um homem de parcos recursos intelectuais e talvez temesse que, se fosse puxar conversa, o médium lhe falasse de espiritismo, doutrina pela qual sentia vivo repúdio, apesar de não conhecê-la.

Não há dúvida de que Mann ignorava a doutrina espírita, e do espiritismo prático talvez só conhecesse manifestações suspeitas, fenômenos explorados pelo charlatanismo e até pela boa-fé despreparada. Esse desconhecimento leva-o a abordar o espiritismo apenas por um de seus aspectos: a manifestação de espíritos.

Ao fazê-lo, curiosamente, emite uma espécie de reconhecimento da perpetuidade da doutrina, ao identificá-la na mais remota antiguidade. Estabelece então um paralelo entre as consequências da comunicação com os espíritos no mundo grego clássico e na sociedade cristã atual, seguindo um raciocínio que, à falta de melhor classificação, poderíamos chamar de acaciano. Afinal, até os deuses tropeçam!

Mann dirige ainda duas outras acusações ao espiritismo: a futilidade do seu emprego e a indigência das mensagens de espíritos que se identificam como Napoleão ou Aristóteles. Não era sequer original, ao apontar essas deformações, que preocupam, antes de tudo, os espíritas.

A primeira acusação foi respondida, quase meio século antes, pelo próprio Allan Kardec, ao alertar para aqueles que viviam de "explorar ou desviar (o espiritismo) do seu fim exclusivamente moral, para transformá-lo em meio de vida, em instrumento de adivinhação ou de investigações fúteis".

A idiotice das mensagens espirituais, atribuídas a grandes figuras da humanidade, já provocara idêntica irritação em Gabriel Delanne. Confira-se:

> Uma das causas do descrédito do espiritismo em certos centros é o fato de, muitas vezes, as comunicações espíritas serem assinadas por nomes pomposos, próprios para entontecerem os ignorantes ou atraírem a consideração dos papalvos. Infelizmente, é exato que, em certos centros espíritas, Napoleão I se mostra ao lado de Maria Stuart; é exato que Semíramis, Zoroastro, Sócrates e Jesus desfilam ditando comunicações de repugnante frivolidade; em outros, vêm os oradores da Revolução, pregando disparates pela boca de mulheres velhas; em outros, enfim, sábios como Lavoisier ou Berthollet, Laplace ou Mes-

mer, formulam sistemas que fariam sorrir de dó o mais fraco dos colegiais preguiçosos.

Apesar da impressão forte, quase devastadora, das suas experiências ocultas - ou talvez por isso mesmo - no final de certo tempo, Thomas Mann achava-se dominado por uma indisfarçável nostalgia do ambiente claro e luminoso em que sempre vivera. O escritor amava o mundo lógico, clássico, ordenado com rigor e capricho pela deusa razão. Ao mergulhar no domínio alucinante do oculto, fora como se estivesse olhando a vida através de uma janela mágica, mas perigosa. Via o que os outros não viam, mas se perdia a si mesmo. Urgia libertar-se dessa obsessão. A medida decisiva para tal foi narrar as suas aventuras em *Experiências Ocultas* (1924), um texto sujeito a discussões, mas de inqucstionável honestidade, que apresentamos a seguir.

Experiências Ocultas

Thomas Mann

O mundo está cheio de problemas cuja elucidação permitiria, talvez, ao escritor ou ao orador, serem exaltados publicamente - problemas intelectuais, artísticos, morais, sociais, cuja dignidade e importância recairia em quem os tratasse - e ouso me apresentar a vocês com um assunto que eu mesmo sou obrigado a chamar de fantástico, desvairado, de certa forma escabroso. A sua escolha vai me valer, por certo, o desprezo escandalizado da maioria de vocês. Mas será que escolhemos os nossos temas? Não, escrevemos e falamos daquilo que nos inspira um interesse ardente - e de nada mais - mesmo que o resto mereça o máximo de dignidade e de importância, e ainda que o objeto de nossa atenção seja fútil. Para mim, a noção do que seja respeitável é perturbada por impressões de natureza muito complexas; experiências e observações pessoais que são, ao mesmo tempo, absurdas e inexplicáveis a um grau tal (se é que existem graus no inexplicável), que não consigo me decidir a respeito. Sinto-me, pelo menos no momento, perdido, incapaz de me dedicar a assuntos que se elevem a uma esfera mais pura, mais sadia, visto que mais refinada, da razão humana, graças aos quais poderia ser mais bem considerado por vocês. Em verdade, digo que "me sinto perdido" porque uma espécie de perdição emana, com certeza, deste mundo que obceca o meu pensamento, um domínio da vida pouco profundo, sem dúvida, mas subterrâneo, tenebroso e ilusório, com o qual estabeleci relações um pouco levianamente. Neste ponto, sinto-me tentado a me esquivar de tudo o que me toca, a favor de coisas que não deveriam me interessar nem um pouco; mas elas exercem sobre a minha imaginação e o meu espírito uma atração tão viva, tão enganosa - enganosa em comparação com o vinho do espírito e da moral - que compreendo que se lhes possa ceder culposamente e, à força de mergulhar em uma loucura monomaníaca e vã, ficar perdido para sempre para o mundo moral superior.

Eis a realidade. Caí entre as mãos dos ocultistas. Não exatamente dos espíritas - se bem que acho que havia alguns deles na reunião de que participei há pouco. Seja o que for, convém estabelecer aqui uma distinção. A doutrina espírita não é obrigatória para a comunidade internacional de sábios, que não passa de uma ínfima minoria, cujos membros se chamam ocultistas, porque se entregam ao estudo de fenômenos que, no momento, parecem escapar às leis da ordem natural conhecida; e mesmo porque vários desses pesquisadores, por uma atitude de solidariedade e de rigor científico, rejeitam essa maneira de "explicar" certos enigmas, ou seja, a doutrina espírita. No entanto, temos de reconhecer que os instrumentos de que se servem para provocar os fenômenos ocultos, a constituição supranormal ou, em todo caso, anormal de certos indivíduos (que em geral não são de um nível muito elevado), no entanto, digo que este meio, o sonambulismo dos chamados médiuns, roça a cada momento o plano transcendente e metafísico; mas, bem entendido, metafísica não é espiritismo, e sobretudo, espiritismo não é metafísica. A diferença de nível que existe aí é tão acentuada que se torna uma diferença essencial e sabemos muito bem que a filosofia metafísica procura manter o espiritismo à distância. Em realidade, o espiritismo, a fé nos espíritos, nos fantasmas, nas almas do outro mundo, com os quais nos comunicamos interrogando uma mesa - para obter em resposta as maiores frivolidades - o espiritismo é uma espécie de metafísica para quarto de empregada, uma fé de carvoeiro, tão distante da elevação do pensamento especulativo idealista quanto da embriaguez do sentimento metafísico. Uma obra-prima do pensamento metafísico é *O Mundo como Vontade e Representação*.[1] A obra de arte metafísica nós a temos em *Tristão e Isolda*,[2] de Wagner. Basta evocar intuições tão altas para fazer compreender toda a lamentável indignidade do chamado espiritismo, que não é uma metafísica, mas uma distração para as tardes de domingo das cozinheiras.

Mas a dignidade humana é um critério de verdade? Em um certo sentido, sim. Ouvi de um homem cuja ação e esforços evoluem no limite do domínio oculto, o Sr. Krall d'Eberfeld, célebre pelos seus alunos, "os cavalos calculadores",[3] a seguinte afirmação: "Se os espíritos existem, temos todo o direito de desejar viver durante muito tempo, pois nada é mais inepto, mais pueril, mais absurdo, confuso e lastimável do que o modo de vida desses seres, a se julgar pelas suas pretensas manifestações". É uma opinião que lembra a célebre apóstrofe da sombra de Aquiles, às margens cirenaicas, a propósito da sessão espírita de Odisseus.[4] O filho de Peleu chama a existência dos defuntos "um nada, privado de sentido", e o espírito pagão, aliás, podia conservar essas visões da vida depois da morte, sem se deixar perturbar para a vida enquanto verdade, artigo de fé, realidade. Ao contrário, o espírito do homem nascido sob o signo de Cristo terá dificuldade em admitir um além onde tudo se passaria sob uma forma ainda mais estúpida, inútil e miserável do que no plano que conhecemos; e se, como não é raro, um espírito se apresenta à sociedade humana por intermédio da mesa falante, dizendo-se o espírito de Aristóteles ou de Napoleão Bonaparte, a inexatidão mentirosa das suas declarações é confirmada por cem absurdos, mentiras devidas à ignorância ou frioleiras de charlatão. Neste caso, um pouco de gosto será suficiente para nos convencer que não apenas o espírito não é Aristóteles ou Napoleão Bonaparte, mas que ele não é absolutamente nada, finge sê-lo, e interessar-se por um tal comportamento estaria abaixo de toda a dignidade humana.

Tudo isso estaria muito bem, se não subsistisse sempre uma dúvida: perguntaremos a nós mesmos se as noções de dignidade e de bom gosto prevalecem quando se trata de ciência, de exploração da verdade, em suma, daquele processo que permite à natureza explorar a si própria através do homem. A dignidade só existe na esfera do puro espírito, da qual a metafísica faz parte no sentido de uma especulação do conhecimento transcendente teórico. Mas se a metafísica torna-se empírica, se ela condescende, começa a sentir a obrigação ou cede à tentação de descobrir experimentalmente o segredo do universo (e é isso que ela faz no ocultismo, que não passa de uma metafísica empírica experimental), ela deverá perder a esperança de manter as mãos limpas ou um aspecto digno - salvo aquele aspecto que, em qualquer circunstância, mantém-se inerente ao autêntico serviço da verdade. Antes, deverá esperar muita lama e loucura. De fato, no espiritismo e no sonambulismo, a fonte dos fenômenos ocultos e o segredo da vida orgânica se misturam aos segredos sobrenaturais, e essa mistura é confusa. Aqui, em realidade, não se trata mais de *espírito*, de *nível*, de *gosto*, não se trata de nada que seja belo em sua audácia; é a natureza que está em jogo e ali está um elemento impuro, grotesco, mau, demoniacamente equívoco, em relação ao qual o homem, de espírito orgulhoso, levado pela sua essência a se emancipar e a lutar contra a natureza, se compraz em adotar uma atitude nobre, deixando a sua dignidade própria no esquecimento do fato de que ele continua sendo um filho da natureza, assim como um filho do espírito. Não importa, isso seria como contestar com uma hierarquia medieval a toda a dignidade e a toda a importância humana no estudo da natureza, da ciência da natureza, em vez de proibir seriamente a metafísica, por razões humanas, de se entregar à experimentação, isto é, ao ocultismo. Como se a própria ciência exata da natureza não se detivesse em um ponto, no qual o seu encontro com a metafísica torna-se inevitável! Se não sei e nem compreendo muita coisa da teoria do ilustre Sr. Einstein (exceto, talvez, que as coisas têm ainda uma "quarta dimensão", a dimensão do tempo), isso não me impede, como a qualquer outro profano inteligente, de observar que nesta teoria o limite entre a física matemática e a metafísica tornou-se fluido. Quando dizemos (e hoje costuma se dizer!) que a matéria, no fundo e em definitivo, não é material, mas apenas uma forma visível de energia e que as suas mais ínfimas partículas (que, aliás, não são pequenas nem grandes), se bem que estejam de fato cercadas de campos de força situados no espaço e no tempo, são em verdade intemporais e extraespaciais, trata-se ainda de "física" ou de que se trata ao certo?

Chega de teoria! Vamos às minhas experiências... O ponto de partida delas foi o conhecimento que fiz com um homem a respeito do qual, ainda recentemente, as opiniões diferiam de tal maneira que uns o consideravam um charlatão, um impostor que se enganava a si mesmo, e outros viam nele um pesquisador eminente, coiniciador de uma nova ciência. Chama-se doutor Albert, barão von Schrenck-Notzing. Tendo, durante algum tempo, exercido a medicina, especialista em doenças nervosas, patologista da sexualidade, interessou-se cedo (já há mais de trinta anos) pelos estudos ocultos, através do caminho do hipnotismo e do sonambulismo; parece que, durante algum tempo, teve inclinação pelo espiritismo, se bem que hoje rejeite esta teoria e, para explicar o inexplicável que desencadeia e observa, refere-se a forças naturais desconhecidas, mas destinadas a serem aos poucos desvendadas.

A publicação do seu livro *Fenômenos de materialização*, alguns anos antes da guerra, provocou um escândalo público. Uma saraivada de protestos contra tantos erros, credulidade, diletantismo e charlatanismo, partiu das sociedades oficiais de sábios. O público, assim que tomou conhecimento da obra, quase morreu de tanto rir. Na realidade, o livro submeteu a nossa seriedade a uma rude prova, tanto pelo seu texto como pelas suas ilustrações, fotografias que pareceram grotescas, fantásticas e absurdas. Não deixaram nem mesmo de proclamar que o doutor von Schrenck fora tapeado, - o que, aliás, aconteceu provavelmente mais de uma vez, já que a fatalidade quer que a disposição mediúnica, por mais autêntica que seja, não apenas prove que não está em absoluto isenta de defeitos muito feios, mas parece também favorecer exatamente a tendência a mistificar e o talento de obter sucesso com a mistificação. Em todo caso, durante muito tempo, teve-se a impressão de que Schrenck-Notzing estava liquidado como sábio.

Passaram-se os anos. Veio a guerra, acompanhada de transtornos e de aventuras inauditas. O segundo volume dos *Fenômenos de materialização* encontrou uma atmosfera inteiramente mudada. Não que o seu conteúdo fosse menos extravagante do que o do precedente, ou ainda que a ciência oficial, a imprensa, o público, tivessem lhe reservado uma acolhida melhor. Desta vez, também, não faltaram a zombaria e o insulto. Mas, uma e outra pareciam menos violentas, com uma segurança menos hipócrita do que outrora e não sem uma nuança de resignação e de tolerância fatalista. As pessoas tiveram de aceitar tantas coisas insuspeitas, tantos acontecimentos brutais, que a indignação que se esforçavam por manifestar, apesar de tudo, carecia de impulso espontâneo; e nela misturava-se, até mesmo, uma inegável tendência a pactuar.

Como em política, existem nas relações da ciência com o ocultismo uma direita e uma esquerda, uma opinião e uma vontade rigidamente conservadoras e uma tendência radical revolucionária, - ao lado de numerosas transições e nuanças entre os extremos: de uma parte, uma negação obstinada de qualquer fenômeno que escape a uma explicação racional, mas sempre indicado e atestado de novo por testemunhas, tais como a telepatia, os sonhos premonitórios e a segunda vista, - e por outro lado, uma credulidade fanática, despida de crítica, repousando menos em um respeito razoável diante do mistério do que em um ódio inumano à razão e à ciência.

Neste caso, aconteça o que acontecer, como afinal de contas também ocorre em política, a atitude conservadora intransigente tem a razão a seu favor, pois entre a direita e a esquerda estende-se um plano oblíquo, sobre o qual se desliza facilmente; admitir a veracidade de um simples fato oculto significa esticar seu dedinho a um demônio que quase infalivelmente apanhará, em seguida, a mão inteira *Principiis obsta*! No entanto, é indiscutível que hoje um perigoso liberalismo começa a penetrar no campo da ciência ortodoxa na Alemanha, - a Alemanha que, até o presente, podia ser considerada o bastião do conservadorismo neste terreno. No estrangeiro, na Inglaterra, na França, há muito tempo a tolerância era, sem a menor dúvida, maior e mais frequente, - não vou falar da América onde, parece que sem necessidade, muito charlatanismo se misturou às ciências ocultas. O fato de que os *Fenômenos de materialização*, de Schrenck-Notzing, tivessem sido traduzidos em inglês, não deixou de produzir uma certa impressão entre nós; assim como o fato de a Society for Psychical Research ter levado a Londres, há dois anos, a médium que servira a Notzing, principalmente em suas primeiras experiências, uma certa Eva C., e publicado um relatório muito sério das sessões realizadas com esta pessoa; ou que sábios franceses como Richet, Flammarion, Gustave Geley, doutor Bourbon e outros tenham apoiado as audácias de Schrenck-Notzing, verificado as suas experiências, confirmado os seus resultados. Em suma, pode-se constatar, sem nenhuma dúvida, um ligeiro abalo, uma certa desmoralização de nossa falange conservadora "cética". Há traidores, traidores ocultos até o dia em que venham a se tornar traidores públicos. Existem professores universitários (e não apenas filósofos e psicólogos, mas também professores de ciências naturais, físicos, fisiólogos e médicos) que, como trânsfugas que são, se aproveitam da iluminação deficiente das ruas de Munique e, sufocados de tanta roupa, deslizam clandestinamente para as sessões noturnas do Sr. von Schrenck, a fim de assistir a um espetáculo impróprio para eles. No entanto, deveriam saber, e aliás sabem, que o único meio de se manter ileso consiste em fechar os olhos e não ver. Quando se trata de ceticismo, estamos perdidos, ou é como se estivéssemos, ou melhor, o *ceticismo começa* a partir do instante em que o percebemos. Há exemplos. Um oculista muniquense, bastante conhecido, confessou em sociedade que, em consequência do que vira em casa de Schrenck-Notzing, "se tornara muito prudente em matéria de ceticismo". Belas palavras, - aliás, as palavras mais inquietantes são as mais belas. De fato, não há ceticismo verdadeiro que não se volte igualmente contra si mesmo, e, em suma, sempre me pareceu que cético não é aquele que acredita apenas nas verdades estabelecidas e afasta os olhos de tudo o que possa ameaçar a sua virtude, mas sim aquele que (para falar uma linguagem popular) acredita em muitas coisas possíveis e, caso elas se apresentem, não repudia o testemunho de seus sentidos lúcidos, por razões de conveniência.

No que me concerne, durante toda a minha vida, sempre me mantive bastante à "esquerda" em matéria de ocultismo. Apesar desse ceticismo a todo transe, eu havia acreditado na possibilidade das coisas mais diversas, aliás sem poder me vangloriar de qualquer experiência pessoal no domínio do sobrenatural. Meu interesse consistia em uma simpatia teórica, que não passava disso. É verdade que, em certa ocasião, senti e exprimi o desejo de assistir a uma sessão, mas jamais ele se realizou – e se não se realizou, depois de tudo, deve ter sido por minha culpa.

E no momento? E recentemente? Permitam-me contar o caso, tal como ele se deu. Vieram me anunciar a visita de um senhor, um artista, pintor, desenhista, que uma folha humorística incumbira de fazer a minha caricatura. Vamos adiante. Ele me desenhou um nariz torto e, palavra puxa palavra, sabe-se lá como, nos pusemos a falar do Sr. von Schrenck-Notzing. Enquanto me ridicularizava com a ponta de seu lápis, o visitante perguntou se eu sabia que aquele senhor estava trabalhando com um novo médium. Disse-me que era um rapaz, quase um adolescente, chamado Willy S..., protético de profissão, e ao mesmo tempo muito resoluto no domínio da física, com o qual Schrenck obtinha fenômenos absolutamente espantosos. Depois de descobri-lo, trouxera-o a Munique, garantindo-lhe um lugar para morar e uma ocupação profissional; além disso, depositara uma quantia para ele, estipulando como única condição que Willy S., ao contrário da maioria dos médiuns, tolerasse durante as sessões uma mudança permanente de participantes, sem jamais enganá-los. Schrenck atribuía importância a este ponto, por razões de propaganda. Perguntei se, pelo menos uma vez, poderia assistir a uma sessão. O pintor não considerou a coisa como impossível. Conhecia Schrenck e tinha, pessoalmente, o mesmo desejo. Se eu lhe desse carta branca, iria se empenhar em obter a minha admissão.

Assim foi. Marcamos encontro por telefone e, às oito horas de uma noite de inverno, um pouco antes do natal, vi-me em um bonde com o meu caricaturista, a caminho da sessão. Tanto eu como ele estávamos superexcitados, num humor ousado e curioso, uma disposição intermediária entre a exaltação e o nervosismo, lembrando-me um pouco o estado d'alma dos jovens que se preparam para a sua primeira visita a uma casa de mulheres.

O casarão do barão von Schrenck, do tipo palácio, está situado em um subúrbio residencial da cidade, bem perto de Karolinenplatz. Ao chegarmos, um criado nos conduziu através de um vestíbulo com piso de mármore e nos fez subir alguns degraus até uma sala de espera. Enquanto tirávamos os nossos casacos, o dono da casa nos dava as boas-vindas, com essa amabilidade um pouco distante dos aristocratas, e em seguida nos conduziu à biblioteca, de tamanho médio, onde se achavam reunidos os demais participantes da sessão iminente. Eu conhecia apenas um deles. Cumprimentei-o, reprimindo o meu espanto de encontrá-lo ali. Era o professor G., zoólogo e esportista ardoroso, esquiador, navegador à vela e alpinista, glabro, com aparência juvenil, se bem que tivesse, com toda certeza, uns 45 anos, um homem das florestas e da vida ao ar livre – nunca pensaria que ele andasse em busca do desconhecido. Seguiram-se as apresentações. Tive o prazer de conhecer o célebre ator Emmanuel Reicher,[5] traço de união com a América, que na ocasião estava residindo na Alemanha. Estava presente também a mãe adotiva do médium, com a qual ele estava morando, uma mulher sem idade definida, chamada Sra. P. Havia ainda um pintor polonês, louro, barbeado, que falava com um sotaque duro, mas com voz cálida. Em seguida, um ou outro membro intelectual de Schwabing.[6] A presença de representantes da medicina e das ciências naturais compensava, provisoriamente, a presença do representante intelectual profano. Havia um segundo professor de zoologia, um sábio do tipo afável e insociável, um jovem médico da Suíça, um outro médico alemão, ainda jovem, assistente de uma clínica muniquense, que trouxera um aparelho para medir a pressão, uma especialista em "massagem dos nervos", loura e alegre... Vários assistentes vinham pela primeira vez. Era também o caso de Reicher que, aliás, não parecia estranho ao domínio oculto, mas simplesmente estranho ao círculo.

Willy, o médium, mantinha-se um pouco de lado. O barão também nos apresentou e, por brincadeira, designou-me como o "convidado desconfiado", com a intenção manifesta de tocar no amor próprio e na disposição do rapaz. "É o convidado desconfiado, sabe", repetia, solicitando uma acolhida amigável para o seu querido médium, dotado de uma vida orgânica tão inquietante. Como se, no meu caso, isso fosse preciso! Como a minha benevolência estivesse garantida, sem restrições, achei por bem comunicá-la ao artista e assegurar-lhe que em mim ele não teria nenhum inimigo, nenhum observador mal intencionado, nenhum cético do tipo daqueles que pensam exclusivamente em desmascarar uma fraude e dar um flagrante delito, com gritos de triunfo. Era preciso que ele soubesse que eu era um cético "positivo", um cético que teria prazer se a experiência tivesse êxito. Um engodo? Entre o engodo e a realidade existem muitos graus intermediários e, em alguma parte, eles se misturam. Tratava-se, talvez, de uma espécie de mistificação da natureza, que poderia também ser qualificada de realidade? Eu viera sem opiniões preconcebidas, para ver o que houvesse a ver, nem mais nem menos. Troquei algumas palavras com Willy S., para ter uma ideia da sua personalidade. Achava-me diante de um rapaz de 18 ou 19 anos, moreno, pequeno, não antipático, e sem nenhum sinal excepcional de distinção, manifestamente de origem modesta, exprimindo-se em um dialeto do sul da Alemanha, matizado de austríaco. De aspecto decente, amável, não aparentava nem mesmo a necessidade de seduzir por meio de uma polidez apressada e volúvel. Antes, era monossilábico em suas respostas e perguntas práticas, parecia em um estado de tensão e de emoção reprimidos, dominado por um certo temor que, junto à timidez natural de sua juventude, era bem compreensível.

Deixei o Sr. Willy, a quem o jovem clínico convidara a tirar a pressão, e obedeci à injunção do dono da casa que me convocava para inspecionar o laboratório contíguo. Era uma vasta peça cheia de uma mixórdia de máquinas fotográficas e aparelhos para flashes a magnésio, cadeiras, mesas e toda a espécie de objetos; por exemplo, havia uma caixa de música, uma campainha de mesa munida de uma haste, uma máquina de escrever, vários anéis de feltro branco, e assim por diante, pendurados ou esparsos, - coisas de um caráter banal em si, que serviam ao jovem Willy para as suas estranhas proezas e de que trataremos adiante. Via-se também uma espécie de gaiola com finas grades de ferro, onde o adolescente fora encerrado algumas vezes, por ocasião de uma sessão científico-crítica particularmente rigorosa, sem que esta medida pudesse impedir que se produzissem fenômenos inexplicáveis. Enfim, havia ali um "gabinete escuro", a respeito do qual diziam-se muitas coisas, levantavam-se muitas suspeitas, e no qual as pessoas objeto de experimentação haviam se sentido desastradamente incapazes. Vi apenas uma coisa bastante prosaica: objetos usados, sem interesse, amontoados por trás da cortina, que descia do teto, isolando um dos cantos da peça principal. O doutor von Schrenck declarou que não precisaríamos do gabinete. Willy não teria o que fazer ali. Ele era forte. Durante as suas exibições, permanecia sentado na peça, em liberdade. Está bem, melhor assim. Meu ceticismo positivo teria aceito o gabinete, de quebra, mas era melhor ainda que Willy fosse tão forte. Voltamos à biblioteca. Do outro lado, ela confinava com um gabinete de trabalho, no qual havia uma escrivaninha onde Willy se preparava para a sessão.

Ele não se arrumava sozinho, - ainda bem! Preparava-se sob a supervisão de três pessoas de olhos de Argos, o dono da casa e dois assistentes, se bem que desta vez o doutor von Schrenck tenha designado como "diretor das experiências" a mim e à alegre neurologista. Entretanto, eu não me julgava em absoluto qualificado para a função. Sentia-me inclinado a uma tolerância e a uma benevolência totais, e a tratar essa supervisão como uma simples futilidade. O papel de observador desconfiado não é o meu forte, isso me humilha e repugna à minha humanidade. Ninguém pode esperar que as pessoas mostrem o que têm de melhor, se o observador faz supor a sua má fé. Como é que, com sinais de desconfiança, conseguirei acalmar o ânimo deste jovem, que se prepara para proezas tão singulares? Sou um cético que deseja que aconteça alguma coisa, mas será este, talvez, o ceticismo mais profundo, o mais extremo? Será que, com a minha tolerância e a minha boa vontade, eu seja no fundo o mais incrédulo de todos? No momento, isso pouco importa. Acostume-se, amiguinho, estou olhando como espectador.

O barão nos apontou o maiô de malha preto, de uma só peça, que deveria vestir Willy dos tornozelos aos punhos. Intimou-nos a submetê-lo a um exame minucioso, apalpando o tecido em toda a parte; levaria em conta a nossa crítica. Um maiô de lã, - ótimo. Não descobrimos nada de suspeito nele, e Willy colocou-o sobre o seu jovem corpo moreno. Surpreendi-lhe um olhar tímido e grave que, de passagem, dirigiu à minha colega, a médica loura que, alegremente, olhava para o alto. No entanto, como demonstrava a experiência, do ponto de vista humano, estava claro que o rapaz sentia frio, apenas com aquele simples maiô. Assim, recebeu de acréscimo um *robe de chambre*, um velho *robe de chambre* forrado de seda, pertencente ao barão, um traje confortável que, conscientemente, revistamos também, dos bolsos ao forro. Nada a objetar, apenas um velho *robe de chambre*. O barão, no entanto, nos explicou que ele apresentava uma particularidade. Em toda a parte, nas mangas, nas bainhas, ao longo das costuras, estava incrustado de fitas, de galões luminosos preparados, revestidos com um produto que brilhava na escuridão, de maneira que, mesmo com iluminação reduzida, poderíamos distinguir a silhueta de Willy com a mais extrema nitidez. Declarei que a precaução era boa e prática. Colocaram também ao redor da cabeça de Willy uma faixa luminosa, em forma de diadema, e calçaram os seus pés com velhas babuchas turcas. Estava pronto; mas, uma vez pronto, abriu uma imensa boca, à maneira dos leões, como se estivesse se preparando para nos devorar. Fiquei confuso, mas me explicaram que se tratava do controle da cavidade bucal. O diabo que me carregue, fui esquecer logo da cavidade bucal! Ela já estava enfeitada com uma coroa de ouro, em honra à sua profissão. Quanto ao resto, era uma cavidade bucal irrepreensível. Basta, meu Deus!, estávamos vendo até a campainha. E nos pusemos de lado.

Um alô amigável nos acolheu da peça vizinha. Os *habitués* cumprimentavam aquele Willy agasalhado. Era uma mascarada alegre, e ele, com a sua samarra e a sua cinta sacerdotal, sorria sem graça do seu traje ridículo. Bem, ao trabalho! A assistência se espalhou pelo laboratório e, atrás de nós, o dono da casa fechou a porta de entrada.

A coisa estava se tornando séria. Naquela peça singular, que parecia um ateliê fotográfico com brinquedos para crianças, iam acontecer fenômenos sobrenaturais. Confesso que senti uma ligeira timidez, uma repulsa interior, pensando se a minha pessoa não estava deslocada em semelhante empresa. Mas o diretor das experiências, sem ser solicitado, confiou-me o controle do médium, a mim e à hospedeira de Willy, Sra. P.; imediatamente, ele começou a me iniciar no exercício prático de minhas funções. De fato, elas eram práticas, eficazes e reconfortantes. Sentado diante do rapaz, tive de aproximar a minha cadeira da sua, comprimir os seus dois joelhos entre os meus, segurar as suas mãos, enquanto a assistente mantinha os seus pulsos. Persuadi-me de que Willy era nosso prisioneiro, e ficamos sentados a nos olhar preguiçosamente, com um ar idiota, enquanto a assistência, conversando, ajeitava-se em seus lugares.

Isso se passava diante da cortina, em um círculo imperfeito, fechado em apenas três quartas partes. Em uma das extremidades, achavam-se sentados o médium e nós, seus controladores, e no outro extremo o dono da casa. Nem todos os assistentes conseguiram lugar nesta fila. Duas ou três pessoas tiveram de recuar para a segunda fileira, permanecendo de pé ou sentadas, segundo a sua vontade; entre elas, estava o esportivo professor de zoologia que, para minha surpresa, achava-se munido de um acordeão. Era um virtuose deste instrumento, do qual se servia frequentemente durante as excursões ou em *garden-parties* estivais, e era sobretudo por isso que o requisitavam naquele lugar. De fato, durante as suas demonstrações, o médium reclamava música, música quase ininterruptamente, uma necessidade pessoal que se devia respeitar, uma condição indispensável para o seu bom desempenho que, razoavelmente, lhe era preciso conceder; e o professor G., com o seu instrumento, oferecia um programa bastante variado que, em tempo normal, era garantido apenas por uma caixa de música, cujo repertório compunha-se de um único número, não muito atraente.

Ainda reinava uma claridade normal na peça, uma luz elétrica branca, e o barão tomava as últimas disposições, concernentes aos objetos destinados às experiências. Uma mesa redonda encontrava-se no nosso círculo, não precisamente no meio, porém mais perto do anfitrião do que do médium, a um metro e meio de distância deste último, como o barão comprovou com uma fita métrica. Havia vários objetos sobre a mesa: uma pequena lâmpada velada de vermelho, a sineta, um prato cheio de farinha, um quadro-negro com um pedaço de giz. Podia-se ver ainda uma grande cesta de papel virada, o fundo voltado para o alto; em cima do fundo estava colocada uma caixa de música, uma segunda caixa de música, não aquela que nos brindava com um concerto, mas uma menor, sobre a qual os talentos do Sr. Willy deveriam se afirmar, a título de demonstração. O barão colocou a máquina de escrever num lugar qualquer, perto dele, em cima do tapete, e em seguida espalhou no chão, dentro do círculo, aqui e ali, pequenos anéis de feltro, anéis luminosos por assim dizer, pois se achavam preparados como os galões da roupa de Willy. Em alguns deles, havia sido fixada uma fita luminosa bem comprida... Mais ainda, os objetos de maiores dimensões, - na medida em que se prestavam a tanto, sobretudo a cesta de papéis, a caixa de música, a sineta, estavam recamados de faixas luminosas, que o barão gabava-se de ter imaginado e das quais fazia um grande uso... A luz se apagou.

Acenderam a luz de novo, pois Willy, ainda acordado e sob a minha vigilância, chamara a atenção para um esquecimento. "Os alfinetes, senhor barão", disse. Era mais uma regra de prudência e de controle que o honesto rapaz nos lembrava. O barão enfiou uns alfinetes grandes nas mangas e na fímbria do *robe de chambre* de veludo, alfinetes com grandes cabeças esbranquiçadas, que brilhavam por si mesmas. Alfinetes semelhantes estavam enfiados na cortina, à direita e à esquerda da abertura, de maneira que o menor movimento ali seria perceptível, mesmo na escuridão... Mais uma vez a luz branca foi apagada. Não havia mais nenhuma iluminação, a não ser o vago brilho avermelhado que vinha de um lustre, envolvido por um véu vermelho e preto, e da pequena lâmpada de mesa, igualmente velada. Não era suficiente para um olho ainda não exercitado, mas o barão afirmou que, até aquele momento, não conseguira autorização para uma iluminação mais intensa, apesar de toda a sua boa vontade. "Luto por um pouco mais de luz, mas isso é tudo o que pude conseguir até agora", disse. Quanto ao mais, Willy fulgurava, os anéis de feltro, as fitas colocadas sobre os demais objetos e os alfinetes fulguravam. Em suma, podia-se abarcar com o olhar as condições do espetáculo. Como se podia ver, a parte de cima da mesa redonda estava bem iluminada.

Pediu-se silêncio e, no silêncio, a caixa de música concertista que o barão pusera em movimento desfiou, clara e pueril, a melodia do seu único número, uma cançãozinha curta, uma ária que recomeçava sempre, com um acompanhamento primoroso. A assistência aguardava. Eu, em particular, esperava, segurando as mãos de Willy nas minhas, nem com muita força nem frouxamente.

De repente, ao fim de três ou quatro minutos, ele se sobressalta. Um tremor convulsivo sacode-o e seus braços começam a executar, sobre os meus, movimentos de tração, para a frente e para atrás, puxando e empurrando, alternadamente. Sua respiração torna-se curta e arquejante.

"Transe", anuncia a minha esperta assistente.

O rapazinho caíra em transe entre as minhas mãos! Até então, eu nunca vira ninguém neste estado, e como estou persuadido que se trata de um estado singular, de grande importância, dedico-lhe a mais completa atenção. O fato é que, durante toda a duração do transe, para representar a sua alucinação, o "eu" de Willy divide-se em duas pessoas simbólicas, uma personalidade masculina e uma feminina, chamadas por ele de Erwin e de Mina. Uma infantilidade. Uma brincadeira. Ninguém leva Erwin e Mina a sério, mas no interesse da causa todos se submetem ao seu capricho, ninguém conhece mais Willy e passam a considerar apenas aqueles dois, que sabem indicar com simplicidade a sua presença alternada. Erwin é um cafajeste. Manifesta-se pela força dos movimentos convulsivos de Willy, mas raramente executa qualquer coisa de notável e, aliás, em geral, cede o lugar à irmã, que se comporta com mais doçura e habilidade, segundo a minha assistente era ela que, naquele momento, sacudia e puxava os nossos braços.

- Mina está aí?, perguntou o barão.

Sim, está aqui. Uma pressão na mão, breve e forte, que recebo de Willy traz a confirmação. É a sua maneira de dizer sim. Quando é "não", ele balança as mãos e o busto de um lado para o outro. Além disso, o sonâmbulo fala aos controladores num murmúrio rápido, uma espécie de tom apaixonado, mas com a língua pastosa.

O barão cumprimenta Mina.

- Boa noite, Mina, salve, salve, estão aqui bons amigos, a maioria deles você conhece; há alguns novatos, mas se bem a conheço, para você é a mesma coisa, não é?

Movimento de negação.

- O controle, hoje, está sendo feito por fulano, um homem muito simpático, um homem que sente o mais ardente interesse por você e seus poderes. Espero que você lhe mostre belas coisas.

Pressão da mão e breve impulso do busto para a frente.

"Sim, ela está prometendo". Absurdamente, sem querer, as pessoas dizem "ela".

- Bem, Mina. Vamos, faça um esforço.

Começa a conversa geral. O médium reclama que ela *deve* começar. "Falem", cochicha, gaguejando, inclinado contra a minha orelha e eu repito a senha. Está formada a corrente, as pessoas sentadas com a mão na mão, talvez uma reminiscência de hábitos de sociedades espíritas, talvez, ainda, uma necessidade orgânica, não se sabe. Em todo o caso, Willy mantém o controle e nos recomenda às vezes, cochichando, para reforçar a corrente. Meu vizinho da esquerda também está em contato comigo, com a mão direita sobre o meu ombro e o meu braço. Falamos, envolvidos pela escuridão, dizemos o que nos vem ao espírito, mal sabendo quem se encontra ao nosso lado. Não é fácil, a conversa esmorece a cada instante, o assunto míngua e desaparece, a atenção verdadeira não se dirige para a conversa obrigatória e de rigor. No entanto, somos desaconselhados a encarar os fenômenos com muito ardor. O diretor de experiências recomenda uma atenção moderada, sem avidez, sem impaciência concentrada, o que é um pouco favorecido pela música que se mistura ao falatório ruidoso e artificial, e aos sons do acordeão que, na segunda fileira, o zoólogo maneja como um virtuose, com rajadas sonoras e floreios. Ele toca músicas sedutoras, uma atrás da outra, sem hesitação. E, quando para, imediatamente a caixa de música substitui-o, com a sua melodia mecânica, curta e primorosa.

Curiosa sessão. Compreendo que uma ciência que exige respeito, habituada à dignidade da precisão, à atmosfera sóbria e material do laboratório, ao trabalho abstrato puro com aparelhos e preparados, sinta-se desgostosa com essa maneira muito humana de experimentar. Para o profano, ocorre a mesma coisa. Se ele esperava viver uma aventura, em uma atmosfera sugestiva, de solenidade e mistério, acaba decepcionado. O que o cerca parece feito mais para despertar uma certa repugnância e desconfiança intelectual, lembrando-lhe os métodos banais empregados no Exército da Salvação para levantar o moral. A todo instante, elevam-se da corrente apelos cordiais de encorajamento, dirigidos ao médium, ou melhor, à "Mina" de plantão: - "Alô, Mina! Coragem! Prá frente! Mostre o que você sabe fazer, Mina", - concorrem para essa impressão. A situação só adquire um caráter místico - não no sentido fantasmático, mas em um sentido ao mesmo tempo primitivo e desconcertante, orgânico, - quando o médium, para quem a minha curiosidade se dirige antes de tudo, se põe a trabalhar, lutando, atirando-se para aqui e ali, cochichando, logo gemendo e arquejando. Sua posição e seu comportamento lembram, de maneira impressionante, sem equívoco e em definitivo, o ato do parto. Atira a cabeça bem para trás, logo abaixa-a sobre o ombro ou ainda mais baixo, até as nossas mãos úmidas, que devem aumentar a pressão, a fim de evitar que as mãos dele se desprendam. Seus esforços são provocados por crises, como as dores do parto; no intervalo, há pausas, estados de calma perfeita durante as quais é inacessível, a cabeça pendente de lado sobre o peito, enquanto ele adormece, adquirindo novas forças. É o transe profundo. Em seguida, retoma a sua postura e recomeça o trabalho criador de parturiente.

Um quarto para parto masculino, envolto em trevas avermelhadas, com tagarelices, musiquinhas e alegres votos de encorajamento! Em minha vida, nunca me acontecera nada semelhante. Dizia para mim mesmo que, ainda que nada mais acontecesse, de qualquer maneira já valera a pena ter vindo. E, realmente, parecia que nada iria acontecer. A "criança" não se manifestava. Nada de anormal queria se produzir. Certas pessoas, em sua impaciência, afirmavam já estar vendo e constatando coisas insólitas! Dois alfinetes luminosos não estavam mais pregados no *robe de chambre* de Willy, se bem que tivessem sido presos sólida e profundamente; jaziam por terra, em cima do tapete, um longe do outro. Disseram que eles haviam sido "transportados", mas a possibilidade, se não a probabilidade, era de que tenham sido ejetados pelo esforço de Willy. Alfinetes à parte, o que acontecera com os dois anéis que estavam ali atrás, bem à frente da cortina? Achavam-se *diante* dela e não com uma parte encoberta. No início, eram inteiramente visíveis, mas isso mudara durante os últimos minutos, não se via mais do que um terço deles, a cortina chegara para a frente ou os anéis, por seu lado, tinham se deslocado e, ao observá-los mais demoradamente, - vejam só!, eles voltaram a ficar inteiramente visíveis, livres da cortina, não mais debaixo dela, e isso era um fenômeno. Um fenômeno indeterminado, deplorável, no qual seria inútil insistir. Em compensação, eu não sentira passar por sobre o nosso círculo o hálito fresco que emanava do médium, anunciador de manifestações iminentes? Não, para falar com franqueza, o hálito fresco me seria bastante agradável, mas não percebi nada disso.

E o tempo corre. Não é fácil avaliar a sua duração, mas calculo que já se passaram três quartos de hora. Sem dúvida alguma, o médium deve estar lutando contra as suas inibições. Interrogam-no a esse respeito, mas ele diz que não e continua os seus esforços. Perguntam se tudo está em ordem, e ele diz que sim. Quanto a mim, não acredito em suas palavras; pois que, em segredo, atribuo exclusivamente a mim a responsabilidade pelo nosso fracasso. De antemão, comigo mesmo, eu desconfiava que a minha natureza não poderia ser de qualquer utilidade para o bravo Willy, durante o seu trabalho, e no momento estava certo de que ele, no seu outro mundo, partilhava as minhas dúvidas sobre a possibilidade de a situação melhorar. Se ele protestasse, seria por pura cortesia, se bem que possa parecer estranho falar em cortesia de sonâmbulo. Neste estado, segundo as minhas observações, as inibições provocadas pela educação, a preocupação com as deferências humanas não estão excluídas, em absoluto, e Willy não negava isso de maneira categórica. Ele murmurava: "Se o senhor quiser que os fenômenos aconteçam com mais rapidez..."

– Sim. Devemos fazer o quê?

Calou-se. Queria uma outra pausa? Silêncio. Em seguida, começou a bater o pé, e passamos a contar com ele. Deu quinze batidas. Está certo, uma pausa de quinze minutos. E, no mesmo instante, interrompemos a sessão.

Antes de tocar no interruptor para acender a luz, demos um tempo para o médium voltar a si. Houve preparativos singulares, consistindo em movimentos dos braços ao longo dos flancos, como para coçá-los, movimentos que, de acordo com o seu pensamento, ajudam-no a recuperar as forças orgânicas, projetadas para fora de si, mas que ainda não chegaram a se manifestar. Movimentos bruscos, dois ou três tremores, e ele desperta, pisca os olhos, sob a luz, com um ar estúpido. Os assistentes se retiram para a peça vizinha.

As pessoas acendem cigarros. Willy, sentado no sofá, com o seu disfarce, também fuma o seu cigarro. Discute-se a situação, que estava longe de ser desanimadora. Fraquezas passageiras como esta, a necessidade de se fazer uma pausa, não eram raras. Com o nosso Willy era muito difícil que uma sessão fosse negativa. Nada estava perdido. Para reconfortar a assistência, a Sra. P., mãe adotiva de Willy, contou histórias acontecidas na casa onde viviam. Não puderam continuar ocupando o seu quarto, tiveram de se mudar, por causa dos demais locatários. Na vizinhança do rapaz produziam-se, sem cessar, coisas indesejáveis, fenômenos espontâneos, sinais e milagres. Ouviam-se pancadas nas paredes, como se fossem dadas por punhos. Mãos faziam gestos, sem que ninguém as tivesse convidado. Um fantasma aparecera de repente na porta da sala de jantar. A própria cozinheira o vira e fugira, aos gritos. Muito bem, mas até aquele momento, estávamos logrados. O jovem clínico do aparelho de medir a pressão, utilizou-o mais uma vez em Willy, para comparar, e comentou o resultado com o doutor Schrenck. Quinze minutos! O barão deu o sinal para recomeçar a sessão.

Convencido de que Willy solicitara o intervalo sobretudo com a intenção de permitir uma mudança de controle, pedi insistentemente para ser desobrigado de minhas funções. O dono da casa, no entanto, não quis saber de nada. Não, era preciso não ceder a todas as impertinências e caprichos de Mina. Para minha edificação, era importante que eu mesmo tivesse o médium sob a minha vigilância. Evidentemente, podia assumir o segundo posto, ocupado pela Sra. P. Um outro qualquer podia passar para primeiro controlador, Reicher e o Sr. von K., - de preferência este último. "Venha, K! Assuma o comando, como sempre!"

Von K. era o pintor polonês de sotaque duro e voz cálida, um homem de natureza cordial e direta, o controlador preferido do médium, o último refúgio dos experimentadores quando uma sessão ameaçava terminar bruscamente. Quando ele segurava as mãos de Willy e aplicava o seu método jovial de tratamento, quase sempre produzia-se alguma coisa. "Ei, salve, Mina. Estamos de novo juntos, como velhos companheiros que somos. Acho que vai ser fantástico, e você, por certo, deve achar a mesma coisa. Veja só!, já está me apertando as mãos. Muito amável, mas, ouça, não a aperte com tanta força, senão vai me deslocar o ombro. É essa a sua maneira de demonstrar ternura, Mina?" Falava dessa maneira, e Willy precisava deste tratamento, que quase sempre obtinha êxito. Pouco depois de se ter restabelecido a penumbra avermelhada, ele recaiu em seu sono magnético. A caixa de música desfiou as suas pérolas, o acordeão apanhou a deixa. O parto continuou.

Inclinado para a frente, em uma postura incômoda, sem apoio nas costas, mas insensível a estes inconvenientes, agarro os punhos de Willy, comovido com o seu esforço penoso. Ele nos sacode, nos puxa, treme, atira-se de um lado para o outro, se contorce, sussurra, arquejante: "Falem! A corrente." "A corrente", repete von K., com docilidade humorística e cordial. "Vamos ver, minha Mina tem o direito de pedir que a corrente se forme de maneira conveniente". Quanto mais permanecemos sentados, mais se deve estimular a conversa, que tende a diminuir e ser interrompida. O barão ajuda von K. "Conversem, senhoras e senhores! Professor G., acho que o senhor está dormindo. Senhor Mann, não quer puxar conversa?"

– Mas, claro, barão, eu o faço de acordo com as minhas possibilidades.

Todos se sentam de novo e, na escuridão, murmuram as coisas mais tolas. O ator Reifer sai-se com um sonoro "blablablá! blablablá!" A música é uma tortura. Estamos cansados até a exasperação da melodia da caixa de música, mas quando o acordeão resfolega ou tonitrua, sentimos falta do drelin, drelin, mais discreto. Para Willy é uma prova rude, mas para nós também não é fácil. Já se passou uma hora depois da pausa. Sinto dor nas costas, mas não suavizo a vigilância. O médium estremece intensamente e sai do transe profundo. Empenha-se apaixonadamente e parece projetar alguma coisa para fora de si. "Bravo, Mina", diz von K., adulando-a. "Continue! Faça-o sair. Estamos vendo que você já começou, agora só falta se empenhar a fundo, será um grande prazer e, mais uma vez, eu vou te amar muito!" Em vão. Não acontece nada. A própria bonomia do Sr. von K. parece não conseguir nada, hoje. A renúncia se insinua em todos os corações. Decididamente, não tenho sorte com os mistérios. Continuarei acreditando na possibilidade dos mais diversos fenômenos, mas sem nada ter visto. Pior para mim. Materialistas endurecidos, campeões odiosos da hipótese de fraude e defensores irascíveis das leis físicas escolares, em seu pretenso ceticismo, vieram aqui e viram alguma coisa que os deixou atordoados até a manhã do dia seguinte. E no entanto meu ceticismo, que comparado ao deles equivale à fé, uma crença em nada e em tudo - como defini-lo? - revela-se de natureza niilista, estéril. Como se vê, eu ia sendo invadido por uma leve amargura. Entretanto, mesmo assim, valeria a pena registrar as impressões desta noite.

O dono da casa tentou então um estimulante supremo. Falando grosso, disse: "Não, Mina, é preciso fazer alguma coisa. Estamos sentados aqui há mais de duas horas, você não pode dizer que não tivemos paciência, mas tudo tem limite. Vamos lhe dar mais cinco, mais dez minutos. Se até lá não acontecer nada, suspendemos a sessão. Esses senhores vão voltar para suas casas e mais de um entre eles vai pensar, por certo, que você não tem poder nenhum e não é capaz de fazer nada, irá contar ao seu círculo de amigos e os céticos irão exultar".

- Mas não, diz von K., - e fingindo contradizer o barão, ele o apoia, - mas não, barão, o que o senhor está dizendo? Ela está pronta para começar, a minha Mina, e quando ela estica o bracinho até bem longe, para fazer as coisas de maneira conveniente, ela o faz melhor do que ninguém, sempre soube fazer melhor do que qualquer um! Como? O que você está dizendo? Parem a música. O que você disse, querida Mina?

Enquanto ele falava, o médium havia murmurado alguma coisa. A música cessou, todos nós nos calamos. A voz elevou-se, mais uma vez, gaguejando fortemente: "O lenço".

- O lenço! Ordenou, autoritário, von K. Ela sabe muito bem o que quer, minha amiga Mina vai conseguir, ela vai nos fazer ver tudo.

- Muito bem, entendido, disse o barão. Se não precisa de mais nada, aqui está o lenço.

Retira do bolso um grande lenço branco, pouco usado, segura-o por uma ponta e deixa-o cair no chão, ao lado da mesa redonda. Ele fica ali, visível e reluzente. Todo mundo estica o pescoço e olha-o fixamente.

Recuem a mesa, murmura Willy, cujo rosto está enfiado entre as mãos, que seguramos.

- Desse jeito?

- Não, assim não.

Ele não vê nada, mas, em seu sonho, sabe o que se passa e que tudo não está ainda exatamente como ele pede. Com impaciência, corrige os gestos do barão, como se o estivesse vendo. Quer que a mesa redonda seja empurrada um pouco mais para a esquerda e, em seguida, que fique mais perto do dono da casa, assim está bem. Agora, o espaço entre a mesa e o lenço está maior. "A corrente", cochicha Willy, e nos apressamos a obedecer: "Sim, sim, blablablá, blablablá..." Também eu me viro para o meu vizinho, o polonês, para dizer alguma coisa indiferente. Começo a falar, e eis que ouço alguém dizer, com calma afetada: "Está chegando". Volto vivamente a cabeça...

Lembram-se daquela passagem no primeiro ato do *Lohengrin*,[7] quando, depois da prece de Elza, o coro entoa, a uma só voz: "Vejam! Que estranho prodígio?" Aconteceu mais ou menos assim. O lenço tinha se erguido do chão e era visto no ar. Sob os olhares de todos, em um movimento rápido, seguro, enérgico e quase belo, subiu das profundezas tenebrosas à esfera luminosa da lâmpada, que tingiu-o com a sua claridade avermelhada, - eu disse subiu, mas isso não é exato, ele não subiu solto e flutuando ao vento, mas foi seguro e levantado, havia alguma coisa segurando aquele lenço, e no alto viam-se os puxões dados por um punho, após o que voltava a cair, em pregas. Uma força viva manipulava-o por dentro, sacudia-o ou apertava-o, fazendo-o mudar de forma, durante dois ou três segundos em que ele se manteve livremente sob a claridade da lâmpada, - depois, em um movimento calmo e seguro, voltou ao chão...

Era impossível e, no entanto, verdadeiro. Que um raio me parta, se estou mentindo. Isso aconteceu diante dos meus olhos imparciais, que estariam prontos também a nada ver, se não houvesse nada a ver, e não apenas uma vez, mas, logo em seguida, de novo. Mal chegou embaixo, o lenço subiu de novo até a luz, mais rápido do que antes. Naquele instante, víamos com uma nitidez irrecusável os movimentos executados em seu interior, as falanges de um órgão em forma de garra, que o segurava e que parecia menor do que uma mão humana. Descida, depois nova subida... Pela terceira vez no alto, o lenço é violentamente sacudido por alguma coisa invisível e atirado em direção à mesa redonda, - a mira não foi bem feita, e ele não pousa em cima, fica pendurado na borda e logo cai no tapete.

O fenômeno foi acompanhado de bravos e de ruidosas aclamações a Mina e, por diversas vezes, o barão me perguntou se eu estava vendo, se podia ver tudo. Claro, como é que eu poderia não ver? Seria preciso fechar os olhos para não ver, quando em toda a minha vida nunca estive com os olhos mais abertos, nem com mais atenção do que naquele momento. Em minha vida, eu já vira espetáculos mais grandiosos, mais belos, mais dignos. Mas, nunca vira ainda a ocorrência de uma coisa impossível, apesar de sua impossibilidade, eis por que eu só sabia repetir, atordoado: "Muito bem! Muito bem!", apesar de estar sentindo também um pouco de náusea. Minhas mãos seguravam os punhos de Willy, cobertos pelas mangas de malha, e bem ao meu lado via os seus joelhos presos pelo polonês. Nada a perguntar, impossível admitir, não havia nem sombra de possibilidade de que o rapaz, adormecido aqui, fizesse o que acontecera ali adiante. Quem mais poderia fazê-lo? Ninguém. Não havia ali ninguém que pudesse fazê-lo, e no entanto a coisa fora feita. Era isso que me provocava uma ligeira náusea.

Eu ouvira dizer que a subida do lenço era, em geral, o primeiro fenômeno que acontecia. O encanto estava rompido. O médium, que durante o incidente permanecera estranhamente silencioso, levanta-se, estremece e murmura: "Tirem a caixa de música dali! A sineta!"

- A sineta, grita von K., num arrebatamento caloroso. Tudo bem? Onde está a sineta para a minha Mina? Vamos pôr a sineta em cima da cesta! Pronto, estamos preparados!

O barão obedece à ordem. Levanta a caixa de música, coloca a sineta sobre a cesta de papéis. Ela fica ali, - as suas fitas translúcidas cintilam na escuridão e em seu metal brilha o reflexo luminoso avermelhado. Willy leva a sua mão à testa, junto com as nossas. Suspira. Então, contrariando todas as possibilidades, a sineta é levantada, segura por uma mão, pois com o que, senão com a mão, pode-se segurar a haste de uma sineta? Ela fica suspensa, mantida no ar, de lado; sacudida vigorosamente, traça um círculo na peça, toca mais uma vez, e depois, num impulso e com muito barulho, é arremessada sob a cadeira de um dos assistentes.

Ligeira náusea. Profunda estupefação, com um pouquinho - não mais de espanto, mas de desgosto. Em voz alta e ininterruptamente, cobrem Mina de louvores. Um neófito exclama: "Inacreditável". A cabeça de Mina, - que estou dizendo! - a cabeça de Willy cai de viés sobre mim, ele encosta a sua têmpora na minha, como uma criancinha. Bom rapaz, o que você acaba de fazer é fabuloso. Comovido e cheio de cuidados, deixo a sua cabeça descansar sobre a minha, mas o barão diz:

- Está bem, Mina, tenho aqui uma novidade. Você não a conhece, mas é fácil de ser usada. É uma campainha, que para funcionar deve ser pressionada. Aperta-se aqui em cima, veja, dessa maneira. Então, ela toca. Faça isso também, Mina. Pronto, eis aí a nova campainha.

E ele coloca o objeto em cima da cesta. Espera. Já percebemos uma apalpadela na campainha, não se vê nada, mas escuta-se alguma coisa que a manipula com dedos hesitantes. Essa alguma coisa segura-a, sacode-a lentamente, fazendo-a soar, mas não é o som aguardado.

– Assim não, diz o barão. Você ainda não compreendeu. Desculpe. Afaste-se daqui. É assim que se faz.

E ele pressiona a campainha. "A corrente", murmura Willy, trêmulo, apoiado contra a minha face. Mas, o barão não pode fazer a corrente e, ao mesmo tempo, demonstrar o manejo da campainha. Pede a compreensão de Mina. Mal acabou de se sentar, recomeçam a apalpadela e a manipulação hesitantes. Enfim, o êxito recompensa o esforço. "Alguém" está ali, "alguém" bate na campainha, de cima, um toque fraco, infantil e desajeitado, mas que resolve o essencial do problema, acionando o martelo da campainha.

"Bravo, Mina", grita a assistência. "Fantástico", diz alguém. Mas não temos tempo para nos abandonarmos às nossas impressões. A sessão continua. Assim que o barão levantou a campainha da cesta de papéis, esta começa a oscilar. Mexe-se, vacila e cai, e da maneira que cai é segura e suspensa bem alto, bem alto, e mantida no ar; meio inclinada na penumbra avermelhada, e com as fitas luminosas cintilando, ela plana lá durante quatro ou cinco segundos, caindo no chão com a tampa para cima.

– Viu? Viu bem? pergunta o barão, todo orgulhoso.

Proclamamos as nossas impressões. Willy, mergulhado em um transe profundo, arriou na cadeira, meio de lado. É natural que necessite de repouso e que mergulhe num sono sem sonhos, depois de ter sonhado com tal obstinação que os atos oníricos realizaram-se fora de si. – Intervalo! Vamos refletir. Procure manter-se distante e pressentir o ponto, o passe mágico pelo qual uma visão de sonho se materializa na peça e, sob os olhos dos demais assistentes, torna-se realidade. - Náusea... Sem dúvida alguma, este ponto não está no plano de nossa consciência, de nossas leis de conhecimento. Se ele existe em alguma parte, deve estar situado neste estado em que o rapaz se encontra, diante de mim, e que com toda certeza é uma porta aberta... para onde? Para trás da casa, para trás do mundo? Mas, confesso que isto não é um pensamento, mas uma forma atenuada da náusea.

Para preencher o intervalo, o barão põe a caixa de música para funcionar. Determina também uma mudança no controle, von K. e eu somos substituídos. Na escuridão, às apalpadelas, dirijo-me à outra extremidade da corrente e tomo lugar junto a Reicher, que se acha sentado ao lado do dono da casa. A mesa estava debaixo do meu nariz. Assim que me sento e encontro as mãos de meu vizinho, alguma coisa apalpa a caixa de música, colocada em cima da mesa redonda, bem debaixo do meu nariz. O barão trata de parar o instrumento concertista. E no silêncio, diante de meus olhos que nada veem, há uma raspadela, um ruído confuso, um tatear discreto bem ali na corda da caixa, um esforço para acioná-la. Olá, criatura oculta e inimaginável, temente à luz, modelada pelo sonho e pela matéria, o que está fazendo aí, bem debaixo do nosso nariz? Crac, a alavanca da corda gira e a caixa de música começa a tocar. "Mande-a parar", diz o barão. E, à minha ordem, a música para. "Continue!" E a caixa volta a tocar. Isso acontece várias vezes. Estamos sentados, inclinados para a frente, ordenando o impossível, e sendo obedecidos por um fantasma, um monstrinho tímido, vindo do outro lado do mundo...

Uma pausa. De repente, começa uma grande agitação entre os anéis luminosos que estão em cima do tapete.

Eles são empurrados para cá e para lá, atirados de um lado para outro... Um deles se levanta, a fita cintilante pendurada, e, mantendo-se no alto, é conduzido através da peça, até a mesa. É ali que "alguém" deseja depositá-lo, mas age com uma tal falta de jeito que nos poderia levar a concluir pela sua cegueira, se é que a causa provável não seja a covardia e o medo de ser visto. Medo de avançar demais no círculo luminoso da pequena lâmpada e da superfície da mesa. Com uma certa pressão desajeitada, de maneira que o feltro raspa a madeira, o anel desliza pela borda externa da mesa, o suficiente para não cair debaixo dela, e ao fazer isto, com a sua falta de jeito cega e temerosa, "alguém" esbarra na mesa, - corpo sólido contra corpo sólido, - de tal maneira que a mesa oscila. Que horror, monstro do além, por que empurrar assim, clandestinamente, com os seus punhos monstruosos, bem diante do nosso nariz, essa honrada mesa? Enquanto este pensamento me atravessa o espírito, crac, um anel pula no meu rosto. Atirado com ímpeto, ele desliza pelo meu joelho e daí a meus pés. Que monstrinho cheio de humor! Rimos, - e no entanto, ficamos melancolicamente impressionados com a petulância glacial daquela coisa, que talvez não passe de uma degenerescência aflitiva e complicada da fraude. Mas, como eu já disse, "ele é civilizado". "Alguém" não me atirou ao rosto a caixa de música ou a máquina de escrever, "alguém" escolheu, com tato, aquele anelzinho macio. Algumas pessoas já foram vítimas de cacholetas e de outras travessuras como, por exemplo, arrancar o relógio de pulso, bem fechado, de seu braço e passeá-lo pela peça, ou até mesmo desfazer o nó do cordão da botina de um outro. A afirmação unânime, porém, é que as forças invisíveis nunca infligiram um mal sério a ninguém, o que revela uma sensibilidade delicada. No entanto, é inegável que têm uma certa tendência para desmoralizar, fazer escândalo, fanfarronar. Sem dúvida alguma, é necessário uma vigilância constante, uma orientação pedagógica e a determinação de um objetivo, como ficou claramente demonstrado quando, depois de ter me atirado o anel em pleno rosto, o espírito diabólico tentou, sem dar sinal de desistir, derrubar a caixa de música colocada em cima da mesa. Preocupado com o aparelho, o barão implorou que o poupassem dos aborrecimentos que, hoje, estão associados a um conserto. Em vão, "alguém" obstinava-se em balançar a pequena caixa, sobre a qual, ainda por cima, estavam colocados o pequeno quadro-negro e o giz, que podiam cair e se quebrar.

Era preciso encontrar uma distração, e o barão insistiu em atrair a atenção para a máquina de escrever, que se encontrava no chão, diante da cortina, com uma folha de papel, pronta para ser usada. "Escreve, Mina", disse ele. "Ocupe-se com alguma coisa de útil! Nós te escutaremos e ainda vamos guardar o que você escrever, como prova de que não somos uns alucinados infelizes, como afirmam alguns de seus inimigos". "Alguém" presta atenção a argumentos tão razoáveis, "alguém" abandona a caixa de música. Esperamos. E, palavra de honra, eis que a máquina de escrever, colocada lá longe, no chão, começa a fazer barulho aos nossos ouvidos. É uma loucura. Mesmo depois de tudo o que já vimos, ainda é perturbador, risível, revoltante pelo absurdo e atraente ao extremo pela sua extravagância. Quem está batendo à máquina? Ninguém. Ninguém está ali, deitado no tapete e se servindo do instrumento, - mas alguém o utiliza. As extremidades de Willy estão seguras. Com o seu braço, supondo-se que pudesse soltar um braço – não alcançaria a máquina. Muito menos com o pé, e mesmo se pudesse libertar um pé e esticá-lo até lá, não poderia bater em cada tecla isoladamente, poderia apenas apertar várias ao mesmo tempo. Willy, pois, não deve ser levado em conta. Ora, fora ele, não há mais ninguém! Que fazer, senão balançar a cabeça e soltar uma risada curta pelo nariz? Aparentemente, "alguém" bate segundo as normas, com uma mão tocando as teclas, é claro; mas será que, realmente, só há uma mão ali? Não, segundo a minha opinião, é absolutamente necessário que haja duas mãos se agitando lá; o ruído é muito rápido, exatamente como o de uma datilógrafa experiente, mal a linha termina, ouve-se o carrinho da máquina ser empurrado ruidosamente, a nova linha começa, mas é logo interrompida, sobrevindo uma pausa.

Então, um pouco mais longe, diante do fundo sombrio da cortina, ocorre uma pequena manifestação, rápida, apressada e fugidia. Lá em baixo, surge uma aparição. É uma coisa longa, com o comprimento e a forma aproximada de um coto de antebraço, com a mão fechada, – não há jeito de identificá-la com exatidão. Numa rápida demonstração diante de nossos olhos, sobe várias vezes, sobe e desce, e durante esse tempo, ilumina a si mesma com um brilho fugaz, branco, que brota do seu lado direito, dissimulando inteiramente a forma da coisa, – e desaparece.

– Vocês têm aí uma materialização, diz o dono da casa, apontando-a com o dedo. É ótimo que tenham ainda visto isso. Esperem, que talvez nos deixe alguma marca.

E houve palavras de estímulo para incitar Mina a deixar a impressão de sua mão na farinha, farinha que se achava num prato, em cima da mesa redonda, mas nem por um instante acreditei que ela consentisse em fazê-lo, o que, aliás, não fez, deixando-nos esperar em vão. A superfície da mesa estava vivamente iluminada, havia um grande perigo para o fantasma em se expor ali aos nossos olhares críticos, e tal atitude não corresponderia à imagem que eu já fizera do caráter tímido e ao mesmo tempo impertinente, fugaz, dissimulado e mistificador deste duende, - um caráter muito insignificante para ser mau, antes complacente, mas fraco e envergonhado. Não aconteceu mais nada. O cansaço parecia intervir. Willy murmurou "feliz natal". A sessão estava terminada.

Foi singular ver, atirado a meus pés, sob a claridade branca da luz elétrica, o anel de feltro, que não chegara ali de maneira racional. Estranho igualmente observar, no chão, a folha datilografada, que só apresentava absurdos, duas fileiras desordenadas dc maiúsculas c dc minúsculas, o que, provavelmente, seria diferente se Willy soubesse escrever a máquina. Ele ainda estava inclinado, de lado, sobre o braço de um dos controladores, bêbedo de sono. Aproximei-me dele, bati-lhe no ombro e disse-lhe que a sessão havia sido brilhante, - diante do que, ele se levantou em silêncio, com um sorriso benevolente e melancólico, os olhos sonolentos.

Todo mundo retornou à biblioteca, discutindo animadamente o que acabara de se passar. Houve um intervalo muito reconfortante; bebemos chá. E para terminar, Reicher contou histórias de teatro.

Afinal, o que vi? Três quartos dos meus leitores responderão: "Fanfarronadas. Prestidigitação, uma trapaça". Um dia, quando o conhecimento destas coisas estiver mais avançado e esse ramo do conhecimento tiver se tornado mais popular, eles irão se retratar, mas desde já, - se pensam que sou um cabeça de vento, crédulo e sugestionável, - deveriam refletir duas vezes diante do testemunho de experimentadores esclarecidos, como o sábio francês Gustave Geley, o qual concluiu o seu relatório com a seguinte declaração categórica: "Não afirmo que não houve fraude durante essas sessões; afirmo que qualquer possibilidade de fraude estava excluída". É o meu caso, sem tirar nem pôr, e tanto a sedução quanto o insólito da situação estão precisamente no fato de que a razão nos obriga a reconhecer o que, por outro lado, a razão gostaria de descartar como impossível. Considerando-se a natureza dos fenômenos descritos, mesmo por aquele que o viu com os seus próprios olhos, ressurge sempre, sobretudo retrospectivamente, o pensamento de uma trapaça; e ela é sempre refutada e excluída pelo testemunho de nossos sentidos e pela própria consciência de sua impossibilidade total.

Alguém me objetará que três quartos dos médiuns são impostores e foram desmascarados como tais. Este é um fato deplorável, destinado a causar confusão, tanto mais perturbador quanto, estou pronto a admitir, o desejo consciente de fraude, do *dolus*, é estranho à maior parte deles. No entanto, estou convencido de que até mesmo o nosso bravo Willy, se o deixássemos livre, procuraria trapacear e, dessa forma, iria comprometer lamentavelmente a sua causa; pois é verossímil que, em seu transe, ele não estabeleça nenhuma diferença entre aquilo que acontece por sua iniciativa própria e o que ele realiza de "outra maneira"; e como ele sente o desejo compreensível de se distinguir, iria colaborar com o fenômeno, se não fosse vigiado, seria pego em flagrante e, repito, seria causa de perturbação sem que, no entanto, nada infirmasse a autenticidade dos fenômenos produzidos quando ele se achava sob severa vigilância.

O caso, bastante banal em suas características, é suficientemente importante para exigir esclarecimentos de um caráter sério, até mesmo solene. Depois do que vi, considero como meu dever prestar testemunho: no decorrer da experiência a que assisti, estava excluída qualquer possibilidade de fraude, de um ilusionismo de prestidigitador segundo as normas humanas. Mesmo que consideremos um tal testemunho audacioso, a razão nos ordena e nos obriga a aceitá-lo, - é bem verdade que tentando, logo em seguida, descobrir um caminho intermediário e escapar à alternativa da fraude e da realidade, nem que seja por uma palavra. "Jogralice" é a tal palavra, cuja coloração turva faz com que não percebamos a sua profundidade. As noções de realidade e de subterfúgio misturam-se aqui, e esta mistura talvez seja um equívoco dos verdadeiros direitos da vida, mas menos estranha à natureza do que ao nosso honesto pensamento. Afirmo, então: a cena a que assisti é uma jogralice oculta da vida orgânica, trata-se de complexos sub-humanos profundamente enganosos que, primitivos e complicados ao mesmo tempo, com o seu caráter pouco digno, com as suas particularidades e limites, são feitos sem dúvida para ferir o sentimento de orgulho e o sentimento estético, mas ao qual somente um espírito refratário e insensato poderia negar a realidade anormal.

Quanto ao mais, a sua exploração científica não está exatamente no início; a ciência criou, pelo menos, um vocabulário técnico apropriado ao assunto, com o auxílio do qual podemos tratá-lo convenientemente. O que eu presenciei foram fenômenos de "movimentação à distância", exatamente aquele que este médium, o jovem Willy, está particularmente apto a suscitar e que se encontram em estreita relação de causa com o fenômeno oculto da materialização, isto é, a organização passageira da energia fora do organismo do médium, em consequência da *exteriorização* do ectoplasma. Entre pessoas competentes entende-se que o agente que executa as brincadeiras descritas, que balança a campainha, levanta o lenço, utiliza a máquina de escrever, não é nenhuma entidade espírita chamada Mina, tampouco Aristóteles ou Napoleão, mas o próprio médium, que se exterioriza parcialmente. Só que, ao afirmar isso, não tornamos o problema mais acessível à razão, pelo contrário; pela sua clareza espiritual e a sua simplicidade, a hipótese popular espírita é bastante superior à hipótese dos sábios, e o problema oculto da exteriorização e da materialização expõe cada vez mais uma complicação destinada, aparentemente, a escarnecer do espírito humano. Aliás, o que há de espantoso que seja assim, já que no final de contas isso coincide com o problema, aparentemente não oculto, da vida?

"O que condiciona a vida não é nem a química, nem a física, nem nada análogo, mas o princípio ideal do processo vital", disse Claude Bernard.[8] Afirmação singularmente imprecisa para um grande sábio, ainda por cima francês, afirmação vaga, que se dirige às apalpadelas para o mistério, provando exatamente que os grandes sábios não perdem jamais o contato íntimo com o mistério, e que apenas a mediocridade escolar corre o perigo de cair na presunção científica, sem pensar o quanto o conhecimento "exato" da natureza, da vida e de suas funções mergulha no mistério e em um enigma talvez para sempre insolúvel. Hoje, porém, podemos considerar como um fato certo do ocultismo, que este princípio criador exercitando-se por meio da fisiologia normal adquire em alguns casos um caráter teleplástico, ou seja, ultrapassa os limites do organismo e, fora dele, age como ectoplasma, - de tal maneira que a substância orgânica exteriorizada (cujas aparições e criação de aparências já foram bastante observadas) suscita, passageiramente, formas, membros, órgãos corporais, em particular mãos que apresentam todas as características biológicas e as capacidades funcionais das criações fisiológicas normais, sendo biologicamente vivas. Esses órgãos terminais teleplásticos parecem se movimentar livremente no espaço, mas segundo todos os observadores eles se encontram em relação fisiológica e psicológica com o médium, de modo que qualquer impressão experimentada pelo teleplasma repercute no organismo deste e vice-versa. Pode-se observar aqui como a fisiologia supranormal concorre com a normal no esforço de *demonstrar a unidade da matéria orgânica*. Pois esse fluido abandona o corpo do médium como uma massa amorfa, não organizada, dando nascimento aos diversos órgãos teleplásticos, mãos, pés, cabeças, que se dissolvem após uma existência efêmera, mas que participam de todos os atributos da vida e são reabsorvidos pelo organismo do médium. Esse fluido, essa substância, esse substrato de diversas formações orgânicas é homogêneo, não diferenciado; nenhuma substância óssea, por exemplo, distingue-se de uma substância muscular, visceral ou nervosa, havendo apenas uma única substância, base e substrato da vida orgânica.

É provável que todos os pensamentos, todos os discursos ordenados a respeito desse domínio extravagante, todas as interpretações teóricas, não sejam hoje mais do que explicações aparentes, provisórias. Em todo caso, pensaríamos e nos exprimiríamos de maneira insuficiente em relação ao fenômeno da materialização, como sobre o fenômeno da vida em geral, se encarássemos apenas o seu lado físico material e não igualmente o seu lado psíquico. Hegel disse que era preciso considerar a ideia, o espírito, como a fonte suprema de todas as aparências, e a fisiologia supranormal talvez esteja mais apta a demonstrar este axioma do que a própria fisiologia normal, – ela tenta colocar a prova filosófica do primado da ideia, da origem ideal de toda realidade, ao lado da prova biológica da unidade da substância orgânica. Como ignorante completo e por conta própria, representei para mim mesmo os processos telequinésicos como objetivações dos delírios do médium. A literatura sábia me dá razão quando explica, com um acúmulo impressionante de termos técnicos, que a ideia do fenômeno vivo nas profundidades inconscientes do sonâmbulo (à qual se mistura, de resto, a ideia do que está presente) encontra-se transposta e concretizada pela projeção biopsíquica a uma certa distância, graças à energia psicofísica. Em outros termos, recorre-se a uma faculdade inexplorada da natureza do médium, *ideoplástica,* – uma palavra, uma noção de auxílio de sedução platônica, não sem encanto para o ouvido do artista, que tem a tendência imediata de representar, não apenas a sua própria obra, mas também o conjunto da realidade como um fenômeno ideoplástico, uma palavra cuja noção, apesar de tudo, permanece de uma profundidade tão perturbadora quanto aquela que empregamos precedentemente, – "jogralice", – e que, graças à sua mistura mistificadora de elementos oníricos e da realidade, projeta-se diretamente no domínio mórbido do extravagante.

Para terminar, vou acrescentar um único exemplo, mas conclusivo. Já se afirmou muitas vezes que as criações ideoplásticas, durante o tempo em que existem, possuem todas as propriedades da vida real. Por pouco que se prestem a tal, elas não somente se deixam ver e apalpar, não apenas nos asseguramos de sua realidade objetiva através de fotografias e de aparelhos que registram as suas façanhas telequinésicas, como já se pôde fixar as suas impressões digitais em gesso, de tal maneira que já se conseguiu que mãos de origem transcendental mergulhassem em parafina derretida, flutuando em água quente. Dessa maneira, forma-se ao redor do membro espectral uma moldura que se petrifica no ar e da qual nenhuma mão humana poderia se libertar sem quebrá-la. Ora, o órgão teleplástico liberta-se desmaterializando-se, e então a luva de parafina deixada no laboratório é enchida de gesso, a fim de se obter um molde reproduzindo em todos os detalhes a forma da materialização. Note-se bem: as impressões de mãos obtidas dessa maneira não apresentam, em sua forma e em suas linhas, nenhuma semelhança individual com as mãos do médium ou de qualquer um dos outros participantes. Ora, em uma das sessões com Willy S., eis que se produziu um incidente insensato (e que não é o único deste tipo): enquanto o médium estava sob rigoroso controle, apareceu uma forma acima do bloco de argila cinzenta colocada na mesa redonda, "vinda do alto e por detrás", uma forma de uma luminosidade rósea, uma mão com o seu antebraço, que trabalhou a superfície da terra argilosa. Depois da sessão, notamos seis impressões nesta superfície, antes lisa. Ora, na unha do polegar esquerdo de Willy e no reverso do quarto dedo da mesma mão *encontravam-se traços da terra argilosa.*

Pergunto à natureza e ao espírito, pergunto à razão, à lógica triunfante: como, quando e de onde a argila foi parar no dedo de Willy?

Não, não voltarei mais à casa do Sr. Schrenck-Notzing. Isso não conduz a nada ou pelo menos a nada de bom! Amo aquilo que chamei de mundo moral superior, amo o poema humano, os pensamentos claros e humanos. Odeio as entorses do cérebro e o atoleiro espiritual. Em realidade, até agora, só vi algumas floculações do fogo do inferno, mas isso deve me bastar. Evidentemente, como acontece a outros, eu gostaria de, pelo menos uma vez, segurar tal mão, tal formação metafísica ilusória, na minha mão. E que, pelo menos uma vez, como já aconteceu a outros, a cabeça de Mina me aparecesse por cima do ombro do sonâmbulo: uma bela cabeça de moça do tipo eslavo, de olhos negros e vivos. De qualquer maneira, a impressão deveria ser bem estranha. Apenas a título de experiência, irei ainda à casa do Sr. von Schrenck-Notzing, de vez em quando, umas duas ou três vezes. Oh! não mais do que isso. Disso, não pode resultar nenhum inconveniente para mim. Conheço-me, sou um homem de paixões curtas, tratarei de não dar sequência às visitas e expulsarei de meu espírito, para sempre, toda essa história. Aliás, não penso em voltar lá duas ou três vezes, mas apenas mais uma vez, e depois, nunca mais. Não quero mais nada do que ver ainda uma vez o lenço erguer-se sob os meus olhos, à luz avermelhada, que me entrou no sangue e de que não consigo me esquecer. Com o pescoço esticado, os nervos gástricos convulsionados pelo absurdo, quero, ainda uma vez, ver o impossível que, apesar de tudo, – se realiza.

NOTAS

[1] Obra do filósofo alemão Arthur Schopenhauer (1788-1860), baseada na oposição entre a vontade, substrato dos fenômenos, e a representação do mundo na inteligência.

[2] Drama lírico de Wagner, baseado na lenda medieval dos amores trágicos de Tristão e Isolda.

[3] Krall d'Eberfeld ficou famoso em toda a Europa, antes da I Guerra Mundial, devido às suas experiências com cavalos. A história começa no final do século 19, quando Wilhelm von Osten, fascinado pela inteligência dos animais, inicia as suas tentativas para educar cavalos. O primeiro animal treinado recebeu noções de direita, esquerda, em cima, embaixo etc. Seguiram-se lições de contagem. Hans (era o nome do cavalo) ficava diante de uma mesa, sobre a qual eram colocadas peças de boliche. A cada peça colocada, von Osten dizia o número correspondente, obrigando o animal a dar igual número de batidas no chão. Em seguida, os números foram colocados num quadro-negro. O resultado foi espantoso. O cavalo demonstrou ser capaz de contar, de efetuar cálculos e até de resolver pequenos problemas. Hans aprendeu ainda a ler, a distinguir as notas musicais e a indicar a data de cada dia da semana corrente. Em 1904, o cavalo foi examinado por uma comissão científica, que não descobriu nenhuma fraude. No entanto, um psicólogo, Oskar Pfungst, pretendeu desmoralizar as experiências, afirmando que os animais (a esta altura, já havia vários cavalos) não tinham inteligência alguma, mas apenas obedeciam a sinais imperceptíveis e inconscientes emitidos por seu treinador. Von Osten ficou desacreditado e morreu amargurado e abandonado. No entanto, o seu discípulo Krall, rico industrial de Eberfeld, repudiou os argumentos do psicólogo e reiniciou as experiências, aumentando o grau de complexidade delas. Os cavalos chegaram a efetuar operações matemáticas complexas, com intensa repercussão. Maurice Maeterlinck escreveu um belo estudo sobre os cavalos de Eberfeld, aos

quais examinou pessoalmente, incluído no livro *L'hôte inconnu* (*O hóspede desconhecido*).

[4] Refere-se ao episódio da invocação dos mortos, efetuada por Ulisses (Odisseus, em grego), que figura no canto XI da *Odisseia*.

[5] Emmanuel Reicher (1849-1924), um dos monstros sagrados da cena alemã, precursor na interpretação de peças naturalistas, sobretudo as de Gerhard Hauptmann.

[6] Bairro de Munique, tradicional ponto de encontro de intelectuais e artistas.

[7] Uma das primeiras óperas de Richard Wagner (1850), baseada em um poema alemão do século XIII, pertencente ao ciclo do graal.

[8] Fisiologista francês, nascido em Saint Julien (1813-1878). Foi o primeiro a demonstrar diversas funções do organismo, como o papel do pâncreas na digestão dos corpos gordurosos, a função glicogênica do fígado etc. A sua obra *Introdução ao estudo da medicina experimental*, considerada uma obra-prima, exerceu larga influência, inclusive na concepção do romance naturalista de Émile Zola.

NO PERÍODO QUE VAI DA I À II GUERRA MUNDIAL, POUCOS ESCRITORES FORAM TÃO POPULARES QUANTO PITIGRILLI. NASCIDO EM TURIM, EM 1894, DINO SE-

2. A Conversão de Pitigrilli

No período que vai da I à II Guerra Mundial, poucos escritores foram tão populares quanto Pitigrilli. Nascido em Turim, em 1894, Dino Segre - este o seu verdadeiro nome - formou-se em direito, mas nunca exerceu a profissão. Em vez de redigir sisudas petições à justiça, preferia escrever romances e contos nos quais satirizava a sociedade e sondava as almas com uma irreverência, um sarcasmo, uma graça e um cinismo que fizeram as delícias dos leitores.

O sucesso veio rápido. Seu primeiro livro, o volume de contos *Mamíferos de luxo* (1920), tornou-se um *best-seller* mundial. O fenômeno repetiu-se com os demais, sempre com títulos provocativos: *Dolicocéfala loura, O deslize do moralista, Lições de amor, Os vegetarianos do amor* etc.

Algumas de suas obras tiveram edições iniciais de até 300 mil exemplares, para desespero dos críticos sisudos e irritação da igreja católica, ambos concordes num ponto: o melhor destino para aqueles livros era a fogueira.

O ataque inquisitorial soava como uma lisonja ao escritor, que afirmava não haver "nada mais agradável do que zombar dos homens sérios, ou daqueles que se consideram sérios".

Mas, como tantos humoristas, Pitigrilli no fundo era um homem sério (não carrancudo) e, como a maioria dos sujeitos que riem de tudo e de todos, buscava desesperadamente em que acreditar.

Em sua mocidade, depois de ler Spencer, Buchner, Haeckel e outros filósofos que "tiraram Jesus da cruz para estendê-lo na sala de autópsia", Pitigrilli tornou-se ateu.

Convencera-se de "que após a morte não há nada, que a vida é o produto de uma combinação química feliz, que a evolução humana é uma sucessão de casos fortuitos".

Essa posição radical, porém, nunca o tranquilizou. Durante mais de vinte anos o escritor bateu às portas do mistério. Frequentou teósofos, recorreu a ocultistas, consultou as mesas falantes. Foram decepções em cima de decepções.

Em Turim, Paris, Roma, Londres, Berlim, assistiu a centenas de sessões espíritas.

> No escuro, vi alguma coisa que os outros chamavam de ectoplasma, mas que podia muito bem ser um véu agitado na penumbra; por meio da mesinha recebi mensagens de pretensos espíritos que, no entanto, revelavam a mentalidade e o preparo intelectual do médium.

Como acreditar?

O interesse pelos assuntos ocultos parecia superado quando, em junho de 1940, o escritor envolveu-se em política. Acabou confinado pela polícia italiana em uma aldeia da Ligúria, à beira-mar plantada.

Isolado num lugar com poucos habitantes, diante da perspectiva infinita do mar, o escritor olhava a vida das formigas e os lírios do campo, com um ouvido distraído para os ruídos do mundo. Um fragmento de conversa informou-o que, numa cidade próxima, Savona, vivia uma médium muito considerada na região. O interesse pelo oculto renasceu. Resolveu procurá-la, em companhia de amigos.

Pitigrilli foi apresentado como sendo um ator com o qual se parecia vagamente. O disfarce era dispensável. A médium não o conhecia e parecia nem se interessar pelos deuses do dia. O escritor traça dela um retrato altamente lisonjeiro:

> A médium era uma criatura límpida e serena, não viciada em livros, que cultivava a sua pobreza com o mesmo empenho com que outros recorrem ao dinheiro. Estava consciente de que a Igreja proíbe as experiências mediúnicas, mas obedecia com tanta pureza de coração àquilo que considerava a sua missão, que sabia não ser culpada.

É provável que esta ponta de remorso, que o escritor atribui à médium, não passasse de uma lembrança enganosa de Pitigrilli. Afinal, o depoimento em que narra as suas experiências ocultas foi escrito uns sete anos depois dos fatos, quando o escritor, convertido ao catolicismo, servia de propaganda à igreja, como uma espécie de menino zangado que voltou ao bom caminho.

A primeira sessão, como quase todas as demais, se desenvolveu em uma saleta iluminada à luz elétrica, em presença de quatro ou cinco pessoas.

A médium sentou-se à mesa, diante de folhas brancas e de alguns lápis. Fez uma prece, pedindo comunicação com os mortos, e caiu em transe. Começou, então...

> (...) a escrever frases genéricas, que não me recordo, mas cujo conteúdo me parece, mais ou menos, o mesmo que vira e lera havia vinte anos, em todas as sessões.

Tudo parecia indicar que seria mais uma decepção. A mesma conversa. Pitigrilli afastou-se da mesa, mas logo a pessoa que se achava colocada às costas da médium leu em voz alta:

– Dirijo-me de maneira particular a você...

Depois de dizer o nome do escritor e de lhe ministrar uma série de conselhos e censuras, empreendeu a descrição minuciosa de sua personalidade:

> (...) uma noção difusa de um personagem de um romance meu esquecido, no qual me representei a mim mesmo, e episódios de minha vida que só eu conhecia.

Animado, o escritor dirigiu à médium perguntas precisas, respondidas com sentido. A explanação continuou de forma elevada, aludindo às crises do escritor, indicando as suas possibilidades e golpeando com expressões duras os seus desvios.

Foi um início promissor, despertando a confiança do escritor para novos horizontes, talvez luminosos.

Uma tarde, o casal Pitigrilli e um engenheiro amigo achavam-se reunidos com a médium, quando ela começou a se sentir mal, o rosto ficou coberto de suor. Apanhou um lápis, caiu em transe e escreveu em alemão: "*Liu, ich bin Erwin*" ("Liu, eu sou Erwin").

Liu era como se chamava a esposa de Pitigrilli. Erwin, oficial aviador do exército alemão, era o marido de uma senhora chamada Fedi, que havia sido colega de Liu em um colégio em Landau, cidade da Alemanha situada às margens do lago de Constanza.

A seguir, segundo a transcrição de Pitigrilli, desenvolveu-se o seguinte diálogo:

- Erwin, o marido de Fedi?, perguntou a mulher do escritor.

- Sim, escreveu a médium em alemão, em caracteres desordenados. Sou Erwin. Estou no meio das chamas... Meu aparelho está queimando... Fedi... Fedi...

Liu, vencendo o choque inicial, perguntou:

- Mas onde você está, Erwin? Não pode se livrar do aparelho?

- Não, estou entre chamas e o meu corpo está queimando. Chame Fedi. Diga a ela que venha até mim.

Neste ponto, houve a intervenção de um espírito, que se identificou como Aldo. Ele revelou que Erwin morrera em combate, no incêndio de seu avião, e pensava ainda estar vivo. Aldo afastou-se e Erwin reapareceu.

- Sou Erwin, de novo. Chame Fedi, a minha querida Moewe.

Moewe é um pássaro migrador que habita os lagos suíços e alemães. Como tudo indicava, era um apelido carinhoso que Erwin dera a Fedi.

Oito dias depois, Liu recebia uma carta desesperada da amiga, na qual ela anunciava a morte de Erwin, terminando com as seguintes palavras: "E agora, quem vai ainda me chamar de Moewe?"

Em outra ocasião, apresentaram-se os espíritos de alguns dos maiores poetas italianos, "os quais ditaram, sem hesitações, sem emendas, estupendas poesias, tipicamente suas". Veio Lorenzo Stecchetti, irônico, implacável em desmascarar uma sociedade que vive na busca de prazeres grosseiros. Expressando-se em sua linguagem clássica, plástica e colorida, Giosué Carducci reafirmou os seus "altos ideais de italianidade". Saudoso de seus conterrâneos, Giovanni Pascoli lembrou a campanha toscana e exaltou as pessoas humildes, que se sentem felizes de viver.

Estes poetas pediram temas. Tentando evitar eventuais reminiscências de leitura contidas no cérebro da médium, Pitigrilli esquivou-se aos argumentos genéricos, como "A Primavera" ou "O Amor", sugerindo motivos insólitos: "O maquinista enlouquecido", "As crianças mortas antes de nascer", "Em uma velha farmácia".

"Os poetas se limitaram fielmente aos temas, e a médium escreveu, quase com a velocidade de uma estenógrafa, poemas de uma fatura impecável", testemunha Pitigrilli.

Guido Gozzano (1883-1916), poeta de renome, amigo da juventude de Pitigrilli, apresentou-se bastante confuso, ainda influenciado pelas crenças católicas que seguira em vida, arrependido e temeroso do dia terrível do juízo final. Dizia precisar apenas de paz e queixava-se que a sua vida na Terra fora muito triste.

- Estou atordoado e confuso. Passei um longo período na escuridão. Posso dizer que estou em paz, mas sei que essa paz não vai durar, vou poder gozá-la por pouco tempo ainda e depois virá o juízo.

- Quem está perto de você?

- Uma multidão confusa de almas, mas ainda não conheço nenhuma.

- No entanto, você morreu cristãmente, com um rosário entre as mãos.

- Sim, e estou feliz de ter sido assim, mas ainda estou doente. Tenho de sarar da doença da morte. Acho-me em paz como um convalescente. Por enquanto, tudo é suave e acinzentado, mas isso não vai continuar por muito tempo. O juízo me aguarda.

Essa fixação com um julgamento final mostra como as crenças que as pessoas tiveram em vida, se mantêm após a morte e como são difíceis de serem desenraizadas. Da mesma forma, o poeta mantinha-se hostil à ideia da reencarnação, como declarou, tempos depois, em uma nova apresentação. Ao lhe perguntarem se gostaria de nascer de novo, respondeu:

- Não. Para viver como vivi? Vivi muito pouco e muito mal. Não sou criatura feita para a luta. Talvez seja preciso merecer a felicidade, e é evidente que não a mereço, nem a merecerei. Na Índia (o poeta viajara pelo Oriente em tratamento de saúde e em missão jornalística) aprendi a bela teoria da metempsicose, e não estou longe de afirmar que é a mais preocupante e a mais desoladora. Talvez seja melhor essa meia luz incerta, essa agitação incorpórea de pensamentos e de ideias, do que a luta ruinosa pela vida, quando saímos dela, como eu saí, com um desejo dilacerante de ainda viver. Assim, me dá prazer sentar-me ao umbral da vida e olhá-la ainda por mais um momento.

Gozzano queixava-se de "solidão cruel e do vazio que me cerca".

- Não é que eu esteja desesperado, não. Talvez seja necessário sofrer, mas sofro mais porque estou entre estranhos e porque, na Terra, da vida que tanto amei, não me chega nem um eco que possa me alegrar.

No momento de se despedir, após uma das sessões, contou a Pitigrilli que trouxera da Índia um pequeno ídolo de jade, sob o qual encontrava-se escrito uma data e a cidade onde o comprara: Benares. O objeto encontrava-se com seu irmão, Renato. Ele gostaria que Pitigrilli o aceitasse.

O escritor sondou o amigo, se possuía um ídolo de jade, trazido da Índia por Guido. "Sim", respondeu Renato, acrescentando: "Foi comprado em Benares".

Em outra ocasião, apresentou-se o espírito de Carlo Dadone, autor de uma série de romances humorísticos de grande sucesso. Mantinha o bom-humor e repetia as mesmas piadas e frases espirituosas, os mesmos termos que empregava em vida, típicos do Piemonte e de Turim, locais onde vivera, e que a médium ignorava. Confessou que gostaria de editar um jornal com Pitigrilli. Ainda não perdera o prazer de ver o nome impresso. E justificou:

- Nem todos os mortos estão cansados da Terra. Muitos continuam frequentando os ambientes de que gostavam em vida. Muitas vezes, você desejou falar com... (e disse o nome de um poeta alcoólatra e boêmio). Estou tentando, mas não consigo afastá-lo dos bares e dos botequins.

De repente, tomando uma atitude grave, Dadone perguntou se Pitigrilli conhecia dom..., da igreja dos Santos Mártires.

- Não? Procure-o. Antes de morrer, pedi-lhe emprestado dez liras, e não lhe restituí a tempo. Você pode reembolsá-lo?

Fazia dez anos que o padre deixara a igreja dos Santos Mártires, transferido para San Remo. Pitigrilli escreveu para esta cidade, sem esclarecer como conseguira aquela informação. Fantasiou que entre os papéis de Dadone encontrara uma anotação: "Restituir dez liras a dom..."

O reverendo respondeu que se lembrava de ter emprestado dez liras ao amigo, fazia uns vinte ou vinte e cinco anos. Dispensava o dinheiro, sugerindo que fosse empregado em uma missa pela alma de Dadone.

No outono de 1941, o espírito de Guido Gozzano apresentou-se de novo, perguntando a Pitigrilli:

- Tem visto Amalia Guglielminetti?

- De vez em quando.

- Procure-a. Diga-lhe que se prepare para morrer cristãmente. A sua hora está próxima.

Esta incumbência era como uma sinuca de bico, como observou Pitigrilli:

"Não se pode procurar uma mulher que goza de excelente saúde e encontra-se em plena produção literária para lhe dizer: 'Em breve, você vai morrer'."

Encontrando-se com o poeta Francesco Pastonchi, amigo de Amalia e de Gozzano, narrou-lhe o caso.

- Eu não assumo semelhante encargo. Quem sabe lá como a mulher vai receber a coisa, respondeu Pastonchi.

As providências ficaram por aí. Dois meses depois, Amalia Guglielminetti morreu.

Passado algum tempo, a poetisa apresentou-se à médium, mas o seu espírito não se exprimia com clareza. Formulava apenas fragmentos de frase. Estava muito perturbada. Reapareceu em casa de um professor, em Roma, cuja mulher era médium, dirigindo uma mensagem a Pitigrilli. O escritor procurou a sua médium, em Savona, e pôde, afinal, conversar com a amiga e receber poemas, nos quais se revelava a sua condição angustiante.

Amalia queixava-se de solidão, do escuro permanente, de abandono. Em um de seus poemas, terminava com um grito terrível: "Estou só, estou só, estou só!" Em outro, falava da densa treva que a cercava e comprimia. Arrependia-se também de seu defeito mais evidente: a soberba.

Muitos outros poetas e prosadores se apresentaram, com composições espontâneas, bem características de sua arte, algumas vezes com defeitos que Pitigrilli atribuía às circunstâncias. Assim, a imperfeição de certos versos de

Stecchetti seriam consequência da pressa com que foram compostos, sabendo-se como este poeta trabalhava e retrabalhava os seus versos. Aconteceu a mesma coisa, mais ou menos, a Antonio Fogazzaro, Giovanni Pascoli, Giosué Carducci, Vittorio Alfieri, Leopardi.

Enquanto o escritor prosseguia em suas experiências, o clima político-social na Itália tornava-se irrespirável. A aliança ítalo-germana abriu o caminho à perseguição aos judeus. No início, ela teve um caráter de confisco dos bens dos israelitas, em favor dos não-judeus. Essa atitude, porém, parecia anunciar um quadro muito mais sombrio, semelhante ao que o racismo sistemático de Hitler implantara na Alemanha.

Amigo de Pitigrilli e um dos mais importantes editores do país, o judeu A. F. Formiggini viu a sua bela casa confiscada e o seu negócio entregue a um concorrente,

Mais assustado com o que se desenhava no horizonte do que com a perda dos bens materiais, Formiggini distribuiu trinta mil liras aos pobres de Modena, sua cidade natal, e atirou-se do alto de uma torre. Dias depois, Pitigrilli manifesta o desejo de falar com o amigo.

A médium ficou rubra, se entortou, empalideceu, molhada de suor, respirando forte. A duras penas, escreveu pedaços de palavras cujo sentido foi fácil de interpretar: "Piti... sou Formiggini... não posso ir... expio a culpa de ter morrido daquela maneira..."

Observa Pitigrilli:

> Os suicidas – são sempre os espíritos que falam – não têm trégua por um longo período de tempo. O 'sono reparador', que para aqueles que morreram de morte natural é mais ou menos tranquilo, é cheio de tormento

para os suicidas. Só muito mais tarde readquirem uma relativa paz.

Tempos depois, Formiggini reaparece, menos angustiado, e dita uma frase cujo sentido apenas Pitigrilli podia entender.

- Eu não disse, Piti, que seria você que iria riscar o meu nome?

A explicação encontra-se num fato ocorrido muitos anos antes. Pitigrilli chegava ao escritório de Formiggini, quando este indagou:

- Alguma novidade?

- Morreu Luigi Ambrosini.

Formiggini apanhou um volume do *Chi é*? (*Dicionário dos italianos de hoje*) e com um lápis vermelho riscou o nome do escritor desaparecido, para a edição do ano seguinte.

- Viu como é simples? disse Pitigrilli. Um traço de lápis. Um dia vão te dizer: "Piti morreu". Você vai apanhar o livro, abri-lo com a sua bela impassibilidade e, na letra P, riscar Pitigrilli com um traço de lápis.

- Você é que irá riscar o meu nome, respondeu Formiggini, melancolicamente.

Em outubro de 1940, após quatro meses de confinamento, Pitigrilli recebeu autorização para retornar a Turim. Continuou a consultar a médium, até que, aos poucos, afastou-se. A experiência durou cerca de dois anos, durante os quais apresentaram-se umas cinquenta entidades, cada uma delas com a sua personalidade inconfundível...

(...) literatos de várias séculos, com a linguagem de sua época; médicos do setecentos, com a terminologia e

> as medidas de peso da época; cientistas que, sem revelarem segredos, punham ordem em nossas ideias desarranjadas ou que, às nossas perguntas - reconhecimento tão raro entre os vivos - respondiam modestamente "não sei".

Fora uma experiência perturbadora para um homem que proclamava convictamente o seu materialismo. Aceita a sobrevivência da personalidade humana ao transe da morte, o escritor passou a buscar uma explicação racional para os fenômenos que vivenciara. Em primeiro lugar, era preciso considerar a identidade de testemunhos do que ocorre após o abandono do corpo físico.

Os depoimentos dos espíritos com quem conversara eram concordes entre si e também com o testemunho de outros pesquisadores, confirmando os doze pontos definidos por Ernesto Bozzano:

1. sobrevivência da forma humana no mundo espiritual;
2. período mais ou menos longo, às vezes longuíssimo, de ignorância de que se está morto;
3. reminiscência de toda a vida, como num filme, durante a crise pré-agônica ou pouco depois;
4. reunião no mundo espiritual dos espíritos dos familiares e amigos;
5. período de "sono reparador";
6. ambiente espiritual radiante ou ambiente escuro e opressivo;
7. descoberta, no ambiente espiritual, de um mundo objetivo, real, semelhante ao ambiente terrestre espiritualizado;
8. descoberta da força criadora do espírito;

9. aprendizado de que a transmissão de pensamento constitui a linguagem espiritual;
10. constatar que a visão espiritual pode perceber o interior de um objeto e todos os seus lados, assim como ver através dele;
11. capacidade de transferência instantânea do espírito de um local para outro, mesmo muito remoto;
12. gravitação dos espíritos na órbita espiritual conveniente, devido às leis de afinidade.

Quando Pitigrilli leu estes doze pontos a um sacerdote amigo, este observou:

- Com a teologia à mão, sou bem capaz de demonstrar que nada disto é contrário à religião.

Ignoramos se chegou a demonstrá-lo. Sabemos que Pitigrilli, perplexo com a experiência, mas também temeroso de suas consequências, aproximou-se da igreja católica. Em verdade, buscava uma proteção que o tranquilizasse. Não queria esclarecimentos. Estava convicto da lisura dos fenômenos que presenciara, assim como das explicações espíritas. Tanto assim que os argumentos católicos não o convenceram:

> Pelo contrário, persuadi-me de que é mais simples acreditar que se trata realmente de almas penadas, sedentas de prece, que gravitam ao nosso redor.

Para ele, a angústia daqueles espíritos com os quais conversara era “exatamente ‘o choro e ranger de dentes’ de que fala Jesus: aquele ‘choro e ranger de dentes’ de que se fala cinco vezes no Evangelho”.

A razão aprovava as explicações espíritas; a emoção encaminhava-o ao catolicismo. A transição se deu sem angústia, conforme sintetizou o escritor:

> Acreditei em suma na existência e na sobrevivência da alma, à qual não acreditava antes. Acreditando que os mortos estejam em comunhão conosco, me foi fácil acreditar na comunhão dos santos. Acreditei no poder da prece, porque os mortos continuam repetindo do além: "rezai". Projetado em direção ao sublime, acreditei em Deus. Em suma, acreditar na sobrevivência das almas me fez acreditar nas almas. Parece-me que o mecanismo psicológico é muito simples.

Restava apenas justificar perante si mesmo a invocação de espíritos, proibida pela igreja católica. Explica Pitigrilli:

> Fossem almas de desencarnados ou manobras do demônio, para mim é inteiramente indiferente. O resultado é que eu, através daqueles caminhos proibidos e por meios ilícitos, encontrei a fé.

Assim termina a estranha aventura espiritual de Pitigrilli, o cético que chegou ao catolicismo através do espiritismo, sem renegar a crença nos fenômenos espíritas.

O CRIADOR DA PSICOLOGIA ANALÍTICA, SEMPRE SE INTERESSOU PELOS FENÔMENOS OCULTOS. AS SUAS *MEMÓRIAS, SONHOS E REFLEXÕES*, ESCRITAS NA VELHI-

3. Jung e os Problemas Ocultos: Pequeno Roteiro

Minha aventura é a *minha* verdade?

Jung

Carl Gustav Jung (1875-1961), o criador da psicologia analítica, sempre se interessou pelos fenômenos ocultos. As suas *Memórias, sonhos e reflexões*, escritas na velhice, com áspera sinceridade, são um rico repositório de casos de clarividência, premonição, revelações por meio de sonhos, avisos de morte, cuja análise alargou o entendimento do autor sobre o inconsciente, influenciou a sua visão dos mecanismos psíquicos e o levou a meditar sobre a realidade dos fatos paranormais.

Em relação a estes fenômenos, Jung viveu duas fases bem distintas, caracterizando-se a primeira pela negação radical da crença na existência de espíritos e pelo enquadramento de todos os fatos paranormais como manifestações do inconsciente. Na maturidade, à medida em que se aprofundava no budismo e no pensamento mágico dos alquimistas, começou a duvidar de suas próprias convicções.

Mas, durante muito tempo, resistiu a mudanças, duvidando também de suas dúvidas.

O acontecimento que o levou a uma nova visão do homem e do universo foi atordoante e arrasador, como a explosão de um depósito de fogos de artifício, culminando com uma beatífica viagem espiritual pelo cosmos. Nos últimos dez anos de vida, aceitou a sobrevivência do espírito, a comunicação entre vivos e mortos e interessou-se pelos enigmas da reencarnação e das leis do carma.

A aventura pessoal de Jung não foi apenas a sua verdade, como ele indagava angustiadamente, mas também a sua revelação. A evolução de suas ideias não é fruto apenas da prática psiquiátrica, do estudo e da observação de gabinete, como se deu com Freud, mas decorre sobretudo de sua experiência pessoal e das dezenas de situações paranormais que viveu. Jung era um sensitivo, como ele mesmo proclamava, um médium, dom que recebeu por herança familiar.

A intimidade da família com fenômenos paranormais vinha de longe. O avô materno de Jung, o pastor Samuel Preiswerk (1799-1851) cultivava o ocultismo e entregava-se a estudos e práticas espíritas, antes da codificação do espiritismo. Sua segunda esposa, Augusta Faber (1805-1865), foi médium de notáveis qualidades, clarividente, intuitiva e de grande força moral. Quando Samuel escrevia os seus sermões, obrigava-a a permanecer atrás dele, para evitar a aproximação de maus espíritos.

Samuel era um homem estranho, de crenças e hábitos insólitos, que dizia viver cercado de fantasmas e se gabava de ler jornais publicados no além. Em seu escritório, havia uma poltrona reservada exclusivamente ao espírito da primeira esposa, com quem mantinha, todas as semanas, longas conversas.

Emilie Jung (Preiswerk é o seu nome de solteira) (1848-1923), a mãe de Carl Gustav, herdou os dons mediúnicos da família, mas nunca aprendeu a se autodisciplinar. Com a mediunidade descontrolada e sobrecarregada pelas desavenças domésticas, chegou a passar uma temporada numa clínica de repouso para doentes mentais. Era uma mulher nervosa, estranha, decidida, intensa em tudo o que fazia, em vivo contraste com a mornidão e a insegurança do marido. Não se relacionavam bem e desde o início do casamento passaram a viver em cômodos separados.

Na infância, Carl Gustav preferia o pastor, talvez por temor das esquisitices da mãe. Dormindo com o pai, ele percebia as "influências inquietantes" que vinham do quarto materno. À noite, Emilie tornava-se "temível e misteriosa", envolta num clima denso, do qual emergiam estranhas criaturas. Conta Jung em suas *Memórias*:

> Uma noite vi sair de sua porta uma figura algo luminosa, vaga, cuja cabeça se separou do pescoço e planou no ar, como uma pequena lua. Logo apareceu outra cabeça, que também se elevou. Esse fenômeno repetiu-se umas seis ou sete vezes.[1]

Amadurecendo, Jung descobriu não ter qualquer afinidade com o pai.

O pastor Johann Paul Achilles Jung (1842-1896) parecia-lhe um homem medíocre, covarde, temeroso de enfrentar as dúvidas religiosas que o afligiam. Fugia das experiências profundas, refugiando-se na *Bíblia* e nos dogmas religiosos. Carl Gustav repudiava essa atitude e a sua antipatia pelo cristianismo, e em particular pelo protestantismo, parece ter origem no comportamento paterno.

A influência de Emilie sobre o filho foi incomensurável e poderosa. Acostumando-o com o insólito, o paranormal, o misterioso, o prazer da transgressão, preparou-o para a sua futura missão, na qual estes elementos teriam tanta influência.

Desde jovem, Carl Gustav admirava os dons mediúnicos da mãe, acatava-a e temia-a, sobretudo quando ela incorporava a sua "segunda personalidade", para usar a expressão de Jung. Nestes momentos, Emilie era capaz de se tornar terrível, dizendo verdades que deixavam o filho trêmulo, mas capaz também de dar conselhos decisivos para a vida do rapaz. Foi através da "segunda personalidade" que ela recomendou-o a leitura do *Fausto*, de Goethe, que acabou sendo uma das maiores descobertas intelectuais de sua vida e paixão persistente até a velhice.

Em junho de 1895, Emilie organizou sessões espíritas em sua casa, em Klein-Huningen, próximo a Basileia. Carl Gustav, então com 20 anos, era o único homem presente. Os demais participantes eram uma amiga da família, Emmy Zinstag, a prima de Jung, Luise Preiswerk, e sua irmã Helene, conhecida familiarmente como Helly, que era a médium principal. Contava pouco mais de 13 anos.

Na primeira sessão, os presentes sentaram-se ao redor de uma mesa, que pertencera ao avô Samuel, em cujo centro colocaram um copo d'água. Como ainda estivesse claro, as cortinas foram cerradas. Estabeleceram então a corrente, tocando as pontas dos dedos uns dos outros e logo o copo começou a tremer e a mesa pôs-se a balançar, num movimento ondulado, como se estivesse sobre ondas.

Subitamente, Helly escapou da corrente e, caindo na cadeira, disse: "Vovô está nos visitando e eu preciso viajar. Perguntem-lhe para onde ele está me mandando. Ele vai tomar o meu lugar". E caiu no chão, inconsciente. Carl e Luise ergueram-na e a sentaram no sofá. Mais confiante, o rapaz perguntou onde estava a prima.

Uma voz grave, como a de um velho, falou pela boca da menina. Disse para não terem medo, afirmando ser o espírito do avô Samuel. Indagado onde a neta se achava, respondeu que ela estava num pico gelado do Polo Norte, "pois este é o caminho mais curto para a América". O que intrigou a todos foi o fato de Helly, uma mocinha fútil, de escassos conhecimentos, exprimir-se em alemão erudito, em vez do usual dialeto da Baviera. Terminadas as sessões, de nada se lembrava.

Em outra ocasião, o espírito de Samuel afirmou que Dini, uma irmã de Helly, recém-casada com um homem sifilítico, teria um filho que viveria pouco tempo. A criança, nascida prematuramente, morreu de fato.

No início de 1896, o pai de Jung faleceu. A família mudou-se de Klein-Huningen e as sessões só foram retomadas no ano seguinte.

Jung já estava então bastante interessado em espiritismo, desde que descobrira, na biblioteca do pai de um amigo, um livrinho sobre aparição de espíritos. Ficou impressionado, tendo lido praticamente todas as obras sobre espiritismo disponíveis àquela época.

Foram leituras enriquecedoras, sugerindo novos pontos de vista e gerando inquietações que desafiariam e atormentariam Jung ao longo de toda a vida, problemas como a sobrevivência do espírito e a existência de fantasmas.

Refletiu muito e, se não aceitou o espiritismo, pelo menos chegou a conclusões heréticas para a psiquiatria da época: "Por mais estranhas e suspeitas que parecessem as observações dos espíritas, nem por isso deixavam de constituir os primeiros relatos sobre os fenômenos psíquicos objetivos".[2]

Comentando com os colegas da universidade o seu interesse pelos problemas paranormais, constatou que eram inteiramente indiferentes a tais fenômenos, que consideravam trapaças ou superstições. Jung, criado no campo e acostumado desde cedo com esses fenômenos, ficou surpreso, irritado e frustrado:

> Certos animais não pressentiam a tempestade e os tremores de terra? Não havia sonhos premonitórios da morte de uma pessoa? Relógios que se detinham no instante da morte de alguém? Copos que se partiam inesperadamente? Tudo isso era natural no mundo em que eu até então vivera, mas eis que de repente parecia ser eu o único a saber disso.

Concluiu:

> (...) que o mundo da cidade, apesar da plenitude de seu douto saber, era espiritualmente limitado.[3]

Logo teria uma prova de que combatia o bom combate. Quando as sessões domésticas foram retomadas, aconteceram fenômenos estranhos. Em agosto de 1898, Jung estava estudando, quando ouviu um barulho seco, semelhante a um tiro de revólver, vindo do quarto de sua mãe. Correu para lá. Assustada, Emilie mostrou ao filho a mesa, que se havia partido ao meio. Era a mesma que pertencera ao avô Samuel, utilizada nas sessões, uma mesa sólida de nogueira maciça. Jung ficou impressionado e contrariado por não compreender o que acontecera.

Duas semanas depois, houve novo ruído forte, vindo do armário de louças. Examinaram o móvel, sem nada encontrar. Ao abrir uma gaveta, Jung deparou com uma faca de pão estilhaçada em quatro pedaços. Mandou-a um cuteleiro examinar. O homem comprovou a boa qualidade do aço, sem defeito de fabricação, atestando que ela não poderia ter estourado. "Pregaram-lhe uma peça", disse.

Jung relacionou esses fenômenos com as sessões, que ganharam um novo interesse. Foram convidadas pessoas estranhas, ocorrendo comunicações, pancadas nas paredes e nas mesas. As experiências prosseguiram ainda por mais dois anos, mas a partir de certa época surgiram problemas. Jung percebeu que a prima, de maneira consciente ou inconsciente, passara a intervir nos fenômenos.

Fora das sessões, o comportamento de Helly se tornara intrigante. Os transes começaram a acontecer a qualquer momento. Sucediam-se as situações estranhas, onde nada havia de mediúnico. Uma noite, a mocinha entrou no quarto de Jung, vestida de branco, insinuando-se, e só então ele percebeu que a prima se apaixonara por ele.

Talvez para monopolizar a atenção de Jung, Helly começou a mistificar e a exagerar os seus dons. Dizia-se capaz de transportar objetos inanimados de um lugar para outro. Numa reunião, com a presença de alguns colegas de Jung da universidade, convidados a assistir ao fenômeno do aporte, a moça foi pega em flagrante, tirando um objeto de sob a saia. Jung resolveu encerrar as sessões, que haviam durado cinco anos e que tiveram uma influência decisiva em seu pensamento, como confessou:

> De todas as experiências, esta foi a mais importante de minha vida, pois varreu completamente toda minha

> filosofia anterior e fez com que se tornasse possível para mim desenvolver um ponto de vista psicológico.[4]

As experiências mediúnicas de Helly constituem o fundamento da tese de doutoramento de Jung, *Psicologia e patologia dos fenômenos chamados ocultos*, publicada em 1902.

Estruturando o seu raciocínio, em boa parte, nos argumentos apresentados por Théodore Flournoy, em *Da Índia ao Planeta Marte*, livro que então fazia furor, Jung procura esclarecer se determinadas manifestações psíquicas decorrem de estados psicológicos especiais ou se têm origem sobrenatural.

Concluía pela primeira hipótese. Os vários espíritos incorporados por Helly seriam personificações de aspectos diversos e mesmo opostos de sua personalidade. Pela primeira vez, Jung defendia a tese da inexistência de comunicação entre mortos e vivos, ao mesmo tempo em que punha em dúvida a própria sobrevivência do espírito.

Quase meio século depois, desdenharia essa tese. Convencera-se então de que determinados fatos e fenômenos, como a existência de fantasmas e a comunicação entre vivos e mortos, transcendem o domínio da percepção extrassensorial comum, sendo preciso uma atitude mais livre e corajosa para reconhecê-los e incluí-los no panorama mental do homem contemporâneo.

Apesar de sua coragem e liberdade de espírito, nunca logrou respostas satisfatórias para muitos problemas. Os fenômenos do *dejà-vu* e do *dejà-vecu*, por exemplo, nunca tiveram explicações razoáveis. Teriam origem em estados psicológicos especiais, num logro dos sentidos ou seriam recordações legítimas de vidas passadas? As dúvidas tinham uma razão extra para existir, pois ele mesmo vivera o fenômeno com extraordinária intensidade.

Uma das experiências capitais de sua juventude fora a sensação de já ter vivido uma vida anterior. O fenômeno surgiu bruscamente, ao ver passar diante de sua casa de Klein-Huningen uma caleça, semelhante às do século XVIII. "É do meu tempo", exclamou, dominado por um intenso sentimento de exaltação. Desde então, passou a considerar aquela época como a sua pátria espiritual. Com satisfação, lembrava-se da brilhante atmosfera intelectual e artística do século de Goethe, quando usava sapatos de fivela, peruca branca e andava de cabriolé.

Em outra ocasião, vendo a estatueta de um célebre médico da Basileia do século XVIII, calçado com sapatos de fivela, reconheceu imediatamente que já usara calçado semelhante. "Esta convicção me perturbava de um modo profundo. "Sim, eram realmente os seus sapatos!" Eu os sentia ainda nos pés e não podia compreender essa estranha sensação. Como poderia pertencer ao século XVIII? Acontecia-me às vezes, datando, escrever 1786 em lugar de 1886 e isto era sempre seguido de um sentimento de inexplicável nostalgia."[5]

Muitos anos mais tarde, em visita à Inglaterra, teve idêntica sensação. Concluiu que, em uma de suas vidas anteriores, fora inglês, "se é que a reencarnação existe", ponderou.

O problema preocupava-o, mas nunca adotou uma posição definitiva a respeito da reencarnação. Mesmo depois de visitar a Índia, em 1938, e reafirmar a crença no carma, procurava disassociar as ideias de carma e de reencarnação. A questão consistia em saber se o carma seria pessoal e, portanto, resultado de vidas passadas, ou a herança das aquisições dos antepassados, que se condensaria na pessoa. "Duas vezes os discípulos perguntaram a Buda se o carma do homem era pessoal ou impessoal. Duas vezes ele se esquivou a responder, evitando comprometer-se",[6] anota nas *Memórias*.

Contra a reencarnação, alegava ainda que os nascimentos sucessivos implicariam recordações de vidas passadas. O argumento não era novo, nem profundo, tanto assim que, com o tempo, abandonou-o. Parece ter chegado a alguma conclusão semelhante à do escritor Scholem Asch, que, refletindo sobre a reencarnação, considerou que "a condição necessária para a nossa existência não é o poder de lembrar, mas exatamente o seu oposto, o poder de esquecer." Não é este poder que viabiliza o inconsciente pessoal?

Na velhice, quando redigia as *Memórias*, teve uma série impressionante de sonhos, os quais descreviam "com toda a probabilidade, o processo de reencarnação de um morto de minhas relações".[7] Pudera acompanhar, inclusive, "com uma probabilidade não totalmente negligenciável, certos aspectos dessa reencarnação até a realidade empírica".[8] Não entrou em maiores detalhes. Como não encontrasse nenhum caso semelhante, para estabelecer um padrão comparativo, preferiu pingar um ponto final em suas reflexões sobre o assunto.

Essa série de sonhos mostra que a sensibilidade paranormal de Jung permaneceu até a velhice com o mesmo verdor. Não deixa de ser curioso que essa percepção extrassensorial, tão intensa, tenha ficado anestesiada durante os primeiros anos de amizade com Freud. Apesar de nunca duvidar dos fenômenos paranormais, Jung não viveu nenhuma experiência durante dois anos, a partir de fevereiro de 1907, quando viajou a Viena para conhecer o mestre.

Este período corresponde ao de maior fervor por Freud. É possível que Jung tenha deixado se absorver de tal maneira pelo excessivo racionalismo freudiano, que, sem perceber, tenha cerrado as portas da percepção. Tanto que, no momento em que se dispôs a afirmar a independência de seu pensamento diante do mestre, tenha ocorrido um fenômeno estranho, que já causou infindáveis discussões entre freudianos e junguianos. Foi como se Jung resolvesse pôr de lado o excessivo acúmulo de argumentos da razão e restabelecesse contato com o universo extrassensorial.

Em março de 1909, Jung foi a Viena, mais uma vez, visitar Freud. Estava insatisfeito com o ceticismo do austríaco, considerando inaceitável a sua posição em relação à *metapsíquica*. A certa altura, os dois se achavam discutindo o assunto, quando Jung sentiu uma estranha sensação no diafragma, como se este tivesse se transformado em ferro em brasa.

Neste instante, ouviu-se um estalo forte na estante, que se achava ao lado deles. Parecia que o móvel ia desabar. Ambos se assustaram. Jung classificou-o como "um fenômeno de exteriorização catalítica" e previu um novo ruído. Freud fez um gesto de desprezo, mas, logo em seguida, o fato repetiu-se. O dono da casa lançou um olhar desconfiado para a estante, enquanto Jung intuía que alguma coisa entre eles mudara para sempre. "Tive o sentimento de que lhe fizera uma afronta".[9] Realmente, parece que Freud assim o entendeu. Entre os dois esboçava-se um fosso que não cessou de se alargar durante a visita que empreenderam juntos aos Estados Unidos, no outono de 1909, e que iria separá-los definitivamente em 1912.

Durante essa viagem, Jung ligou-se por fortes laços a William James, o criador do pragmatismo. William, como seu irmão Henry James, acreditava na manifestação espiritual e no sobrenatural. Realizava, então, experiências com a médium Leonora Piper, que incorporava o espírito denominado Imperador.

Jung passou duas noites com James, debatendo questões que apaixonavam os dois. Uma boa parte do tempo fora consumido na reflexão e análise de problemas ligados à mediunidade e à paranormalidade. James era um conversador fascinante, desprovido de preconceitos, de uma lucidez intelectual que se assemelhava a facas afiadas. Sua palavra deixou talhos profundos na inteligência e na sensibilidade de Jung.

O rompimento com Freud levou Jung a adotar uma posição radical, corajosa e solitária, que procuraria viver até as últimas consequências. Para tanto, abandonou a carreira universitária, entregando-se às experiências interiores. Os psiquiatras dizem que foi um período de ativação do inconsciente. Para os espiritualistas, ele foi muito além das limitações do inconsciente, penetrando naquela região misteriosa onde não existe dia nem noite, tempo nem espaço, na qual o futuro se torna presente e o homem pode ver o pretérito como se vê diante de um espelho.

Com a resolução de abrir a mente, os fatos insólitos se sucederam. Em outubro de 1913, em viagem de trem de Zurique para Schaffhausen, Jung viveu uma experiência alucinante. Quando o veículo entrou num túnel, ele teve uma visão soberba e trágica, na qual uma onda colossal cobria os países europeus, carregando os destroços das obras da civilização e milhares de cadáveres. O mar transformava-se numa torrente de sangue. A Suíça, porém, estava protegida.

Três meses depois, no final de dezembro, a visão repetiu-se, no mesmo trem, ao entrar no mesmo túnel. O pensamento de que a visão anunciava uma guerra não lhe passou pela cabeça. Atribuiu o fato à ameaça de uma psicose.

O fenômeno voltou a repetir-se mais três vezes, mas com outras imagens, através do sonho. No meio do verão, um frio terrível invadia a Terra. A vegetação ficava congelada e os homens tinham desaparecido. Estes sonhos foram compreendidos a 1º de agosto de 1914, quando uma onda de insanidade varreu a Europa com o início da I Guerra Mundial.

> Minha tarefa pareceu-me então claramente definida: devia tentar compreender o que se passava e em que medida minha própria experiência estava ligada à da coletividade.[10]

Algum tempo antes, no final de 1913, Jung começou a sentir a presença de Filemon, o grego que teria sido convertido por Saulo de Tarso e que deu origem a uma das epístolas paulinas. Apresentou-se como um velho com chifre de touro, segurando um feixe de quatro chaves e com asas, semelhantes às do martim-pescador.

Pouco depois, Jung encontrou em seu jardim, à beira do lago, um martim-pescador morto. O corpo estava fresco e não apresentava qualquer ferimento. Como essas aves raramente aparecem nos arredores de Zurique, a coincidência deixou-o intrigado. Concluiu que se tratava de um fenômeno de sincronicidade.

As coincidências impressionavam Jung, que não acreditava que fossem obras do acaso. Para explicá-las, criou a teoria da sincronicidade. Ou seja: a coincidência ou correspondência entre um fato psíquico (sonhos, visões, premonições etc.) e um acontecimento físico, não ligados por uma relação causal teriam significado idêntico. A sincronicidade, pois, caracteriza-se pelo surgimento de coincidências significativas. Exemplo de uma sincronicidade vivida por um paciente de Jung: a mulher narrava o sonho que tivera na noite anterior, quando alguém lhe dera um escaravelho de presente. Neste momento, Jung ouviu leves pancadas no vidro da janela, às suas costas. Abriu a janela e apanhou um inseto, que parecia querer entrar na casa. Era um besouro das rosas, cuja cor verde-dourada torna-o muito parecido ao escaravelho.

Passou a manter um intercâmbio permanente com Filemon.

> De vez em quando tinha a impressão de que ele era quase fisicamente real. Passeava com ele pelo jardim e o considerava uma espécie de guru, no sentido dado pelos hindus a esta palavra.[11]

As conversas eram longas e as mensagens de Filemon iam sendo anotadas em dois cadernos - chamados de *Livro Negro* e *Livro Vermelho* - nos quais Jung utilizava-se da escrita gótica, como nos manuscritos medievais.

Em 1916, após três anos de diálogos com Filemon, Jung sentiu uma invencível ânsia de exprimir as mensagens do sábio grego.

> Tudo começou por uma espécie de inquietação, sem que eu soubesse o que significava nem o que se pretendia de mim. Havia uma atmosfera singularmente pesada em torno, como se o ar estivesse cheio de entidades fantasmagóricas.[12]

Fatos estranhos ocorreram em casa. A filha mais velha viu uma figura branca em seu quarto; a outra, teve o cobertor puxado duas vezes, durante a noite.

Num sábado, o filho de nove anos teve um pesadelo. O garoto, que nunca desenhava, pela manhã pediu lápis de cor e representou um pescador, sobre cuja cabeça lutavam um anjo e um demônio. Na tarde de domingo, a campainha da porta da rua tocou insistentemente. Quando a criada foi abri-la, não havia ninguém.

A atmosfera doméstica tornou-se opressiva.

> A casa parecia repleta de uma multidão, como se estivesse cheia de espíritos! Estavam por toda a parte, até mesmo debaixo da porta, mal se podia respirar.[13]

Perturbado, Jung indagou o que aquilo tudo significava. A resposta vibrou a uma voz: "Voltamos de Jerusalém, onde não encontramos nada do que procurávamos".

Em transe, Jung começou a escrever. Assim que as palavras puseram-se a fluir, "a coorte de espíritos desvaneceu-se. A fantasmagoria terminaria".[14] Em três dias, os *Sete sermões dos mortos* estavam concluídos. Mais tarde, Jung afirmou que, através da comunicação espiritual com Filemon, limitara-se a transcrever o pensamento de Basilides (117 a.C. - 61), um gnóstico de Alexandria.

A experiência com Filemon foi interpretada como um diálogo consigo mesmo, através de um personagem criado pela sua imaginação. Negava que se tratasse de um espírito. Mas, o velho grego lhe dissera coisas tão perturbadoras, ideias tão distantes de seu pensamento, que ele ficou atônito. "Percebi com clareza que era ele, e não eu, quem falava".[15]

Apesar de tudo, interpretou-a como uma daquelas forças misteriosas que existem na alma, "que não são feitas pelo eu, mas que se fazem por si mesmas, possuindo vida própria".[16] É uma explicação contraditória e difícil de entender. De qualquer forma, aceitou Filemon como o seu guru.

Cerca de 15 anos depois dessa experiência, Jung recebeu a visita de um hindu, de grande sabedoria, amigo de Gandhi. A conversa tratou de educação indiana e das relações de um *chelah* com seu guru. Para espanto do ocidental, o mestre oriental falou de homens que têm por mestre gurus espirituais.

Jung sentiu-se consolado e esclarecido: "Eu não exorbitara o mundo dos humanos, mas fizera a experiência do que pode ocorrer a homens que têm preocupações análogas".[17] Esta curiosa reflexão sugere que, para ele, o problema do relacionamento do homem com um provável além continuava enigmático e possível. Se tudo se passa na mente, como admitir que se possa exorbitar o mundo dos humanos?

Uma excelente ocasião para meditar sobre o assunto se daria durante a sua visita à Inglaterra, em 1920. Por insistência de amigos, ele resolveu permanecer numa casa de campo em Buckinghamshire. A escolha não poderia ter sido pior.

Assim que a noite caía, um fedor insuportável invadia o aposento. Apesar de não haver nenhuma torneira perto ou de chover, ouvia-se o ruído persistente e incômodo de um pingo d'água. Sucediam-se outros barulhos, como pancadas nas portas e móveis, sussurros. Certa noite, Jung viu um animal do tamanho de um cachorro, correndo pelo quarto. Mal a luz era acesa, cessavam os ruídos e desaparecia o mau cheiro. O ambiente tornava-se sadio, como se varrido por uma lufada de ar fresco.

Tudo muito estranho. Jung desconfiou que a casa fosse mal-assombrada, ao observar que as duas empregadas partiam às pressas, assim que ameaçava escurecer. A vizinhança sabia disso havia muito tempo. A prova veio na quinta semana de hospedagem.

Naquela noite, mal havia se deitado, Jung sentiu uma presença estranha. Abriu os olhos e viu, deitada ao seu lado, com a cabeça apoiada no travesseiro, uma mulher cujo olho direito, arregalado, olhava-o fixamente. Levantou-se e passou o resto da noite numa poltrona, com a luz acesa.

Narrando o fato a um dos colegas ingleses, que haviam alugado a casa para ele, o homem zombou de Jung, numa atitude de superioridade. Desafiado a passar uma noite na casa, o cético aceitou. Antes não o fizesse. Ficou tão perturbado que levou a cama para o jardim, protegendo-se com uma espingarda. Garantiu que nunca mais dormiria ali.

Apesar desse encontro, Jung ainda não estava convencido da existência de fantasmas. Talvez numa reação de autodefesa, continuava acreditando que as aparições e as almas do outro mundo eram apenas "projeções inconscientes". Em tais fatos, não via nenhuma prova da realidade dos espíritos, concluindo: "E, até que surja alguma prova real, tenho que considerar o assunto como um anexo da psicologia".[18]

A explicação, pela sua fragilidade, lembra o argumento apresentado para justificar o estalo na estante de Freud, que teria sido provocado pela exteriorização de um estado emocional. Como isso seria possível é um mistério, raciocina Arthur Koestler.

Mais misterioso e menos justificável talvez seja o fato de Jung fugir da cama e passar o resto da noite numa poltrona, com a luz acesa, para escapar às projeções do inconsciente. Vamos admitir que a explicação fosse razoável. Quando muito, poderia se ajustar a uma pessoa. Mas como explicar a repetição do fenômeno e a aparição do fantasma, com o mesmo rosto, para outra pessoa? O inconsciente do inglês viveria os mesmos problemas que o de Jung e faria as mesmas projeções? Se assim fosse, revolucionaria as próprias teorias junguianas.

Argumentos capciosos como este, falta de um pensamento claro na análise de determinados problemas ou na formulação de explicações foram apontados por muitos estudiosos da obra de Jung, o que não a desvaloriza, claro, mas indica que, como qualquer construção intelectual, a sua apresenta inúmeras rachaduras. Às vezes, as explicações não satisfaziam sequer a si mesmo.

Neste caso, preferia ocultar a experiência a analisá-la. Foi a atitude que adotou em relação às demonstrações de materialização e psicocinese, efetuadas pelo médium Rudi Schneider. Ocultou o fato, só divulgado após a sua morte.

Eram lampejos de vaidade, num homem de extraordinária honestidade, mas a quem os acontecimentos, às vezes, deixavam atônito. Foi assim na festa de casamento de uma amiga de sua mulher. Durante o jantar, Jung se pôs a conversar, animadamente, com um senhor que via pela primeira vez e de quem nada sabia, que se achava sentado à sua frente, na mesa.

Como a conversa se encaminhasse para a psicologia criminal e o homem lhe propusesse um determinado problema, Jung resolveu imaginar um caso ilustrativo, enriquecendo-o com detalhes. À medida que falava, o homem ia mudando de expressão, enquanto se fazia um silêncio constrangedor na mesa. Percebendo que havia algo errado, calou-se. Findo o jantar, encontrava-se a um canto, pensando no caso, quando foi abordado por um dos convivas:

- Como o senhor pôde cometer tamanha indiscrição?

- Indiscrição?

- Sim, a história que contou!

- Mas eu a inventei de cabo a rabo.

Espantado, soube que contara, com riqueza de detalhes, a história do homem que se achava à sua frente, na mesa. Verificou, então, que não se lembrava de nem uma palavra do que dissera, esquecimento que perdurou para o resto da vida.

O fenômeno não se repetiu. Fatos muito mais instigantes o aguardavam, fatos que iriam mudar lentamente o seu pensamento.

Por essa época, Jung iniciou a construção da torre de Bollingen, um local de recolhimento e de estudo, previsto para ter dois andares. Ao visitar o local, sua filha mais velha, Agathli, que herdara o dom mediúnico da família, advertiu-o que estava *sentindo* a presença de cadáveres. Cinco anos depois, quando Jung observava as escavações destinadas às estacas do anexo, os operários encontraram um esqueleto.

Pesquisas posteriores determinaram que se tratava de um soldado francês, morto pelas tropas austríacas, em 1799, durante as guerras napoleônicas. Jung deu-lhe sepultura e disparou três tiros sobre o túmulo.

No inverno de 1923, Jung ouviu passos do lado de fora da torre, mas acabou se convencendo de que fora um sonho. Dormiu de novo e viu centenas de camponeses jovens, em trajes escuros, rindo e saltando em torno da construção. A experiência repetiu-se várias vezes, até a primavera de 1924. Certa vez, ele levantou-se e abriu as janelas. Tudo era silêncio e calma na noite enluarada. Pensou, então: "São simples fantasmas".

Essa opinião foi confirmada no dia seguinte por um pastor, que lhe assegurou que a gritaria fora provocada pelo exército de almas de Wotan, cujas aparições eram frequentes por ali. Wotan era um deus da mitologia escandinava, senhor das tempestades, princípio de todas as coisas, que desencadeia paixões e dá valentia aos guerreiros, no qual Jung iria identificar uma personificação de forças psíquicas correspondentes ao caráter fundamental da alma alemã.

Mais tarde, Jung encontrou a confirmação da crença formulada pelo pastor, ao descobrir as crônicas de Rennard Cysar sobre a Lucerna do século XVII. O autor relatava que, durante uma escalada noturna, chegara a um local onde Wotan costumava errar. Vira então uma procissão de pessoas, cantando e tocando música, exatamente como fora presenciado por Jung, dois séculos mais tarde. Sabia também que, na Idade Média, os jovens mercenários suíços que seguiam para a Itália passavam por aquela região.

Jung buscou vários tipos de explicação para o fenômeno: alucinação decorrente da solidão, compensação psíquica e sincronicidade. Nenhuma o satisfez. "Quem sabe sobre que realidades se funda esse tipo de histórias?", indagou a si mesmo. Acabou admitindo ter presenciado um fato sobrenatural: a passagem dos jovens mercenários em demanda da Itália, sob a proteção de Wotan.

O sonho foi sempre uma rica fonte de revelações para Jung, o portal aberto para o mistério e o indefinível. Seis semanas depois da morte de seu pai, este lhe apareceu em sonho, tão nítido, tão real, que levou-o, "pela primeira vez, a refletir sobre a vida depois da morte".[19] Talvez tenha sido a primeira mensagem reveladora, recebida através do mundo onírico. Vieram muitas outras.

Foi através de revelações recebidas em sonho que Jung extraiu os elementos mais importantes para meditar sobre o problema da sobrevivência da alma. Na impossibilidade de qualquer prova irrecusável que comprovasse uma vida após a morte, considerou "tais fatos como indicações, sem ter a audácia, no entanto, de conferir-lhes o valor de conhecimentos".[20]

Uma dessas indicações ocorreu em 1923, pouco antes da morte de sua mãe. Durante a noite, Jung teve um sonho assustador. Encontrava-se numa floresta sombria, de árvores imensas e gigantescos blocos de rochedos, como uma paisagem primitiva. De repente, soou um silvo estridente, que parecia ecoar por todo o universo. Seguiu-se um barulho e o surgimento de um *wolfhound*, uma raça de cães de grande porte, utilizada na caça aos lobos, que desapareceu em disparada. Quando passou por Jung, ele intuiu que o caçador selvagem incumbira o animal de lhe levar um ser humano, e que este escolhera Emilie. Acordou numa angústia dilacerante. Pela manhã, recebeu a notícia da morte da mãe.

Um acontecimento semelhante se deu quando da morte de um amigo, cujo nome não revelou. Jung pensava no fato, sem conseguir dormir, quando teve a sensação de que o morto se encontrava ali e pedia que o seguisse. "Que prova tenho de que não se trata de uma fantasia?", pensou. Entretanto, ponderou que poderia aceitar a presença do amigo como uma aparição. No mesmo instante, concordando com as regras do jogo, o fantasma pediu que o seguisse, através do pensamento.

Conduziu-o à sua casa e ali levou-o ao escritório. Subindo num tamborete, o espírito indicou o segundo de uma coleção de cinco volumes, encadernados em vermelho, que se encontravam na segunda prateleira, de cima para baixo, próxima ao teto. Neste momento, o espírito desapareceu.

Intrigado com o fato, Jung foi pela manhã à casa da viúva, pedindo para verificar a biblioteca do amigo. Realmente, lá estava o tamborete e, na prateleira superior, os cinco volumes encadernados em vermelho. Jung subiu no tamborete para verificar os títulos. Eram romances de Émile Zola. O segundo volume era *O desejo de uma morta (Le voeu d'une morte)*, obra da juventude do escritor francês. Jung observou que "se o conteúdo me pareceu desprovido de interesse, o título era, por outro lado, muito significativo pela relação com o que se passara."[21]

Em 1930, Jung voltou a receber um aviso de morte através do sonho. Algum tempo antes, visitara Richard Wilhelm, internado em um hospital de Frankfurt. Não se preocupou, acreditando que ele sobreviveria. Richard era um amigo querido, que lhe havia revelado os poderes do I Ching, e uma personalidade marcante. Ainda muito jovem, seguira para a China, como missionário, apaixonando-se pelo país. Naquela noite, ao sonhar com um chinês, de pé, ao lado de sua cama, em atitude de espera, Jung teve certeza de que a morte chegara para o amigo. Não se enganou.

A crença numa linguagem onírica de caráter premonitório levou Jung a considerar certos sonhos como capazes de revelar o futuro, desde que submetidos à análise. Os discípulos de Freud não o perdoaram, acusando-o de adotar crendices populares. Mas Jung sabia do que estava falando, por experiência própria. Procurando rebater as críticas, explicou que a precognição nos sonhos "manifestava-se como conhecimento prévio sem identificação, cabendo ao analista desvendá-la".[22]

Os próprios pacientes duvidaram dessas teorias. Jung provou que estava com a razão. Assim, ao analisar os sonhos de uma mulher, que demonstrava fobia por Paris, identificou elementos que indicavam problemas caso ela viajasse à capital francesa. A paciente não aceitou o conselho, viajou para lá e morreu de desastre numa rua parisiense. Uma outra, acossada por constantes sonhos eróticos, foi advertida sobre a possibilidade de viver uma situação perigosa. Não se importou, sendo atacada por um desequilibrado que quase a matou.

O exemplo mais contundente ocorreu com um alpinista. O rapaz contou que, em sonho, se vira escalando o ar, tendo acordado em êxtase. Jung aconselhou-o a evitar escaladas solitárias. A recomendação entrou por um ouvido e saiu por outro. O jovem continuou praticando o esporte sozinho. Numa dessas ocasiões, uma avalanche quase o matou, sendo salvo por uma patrulha militar. O acidente não o intimidou. Seis meses depois de Jung ter analisado o seu sonho, ele morreu, numa escalada solitária. Um guia que presenciou o acidente diz que o viu, literalmente, "andando no ar, enquanto descia uma pedra".

O sonho premonitório mais polêmico se deu com o próprio Jung, durante o governo nazista da Alemanha, antes da eclosão da II Guerra Mundial. Viu-se em um castelo minado, ao qual chegou Hitler, que foi recepcionado como uma criatura divina. Os dois se colocaram sobre pequenas elevações de terreno, para passar as tropas em revista.

Em vez do exército, apareceu uma manada de búfalos e iaques e, no meio deles, uma vaca doente, com a qual Hitler revelava muita preocupação. Neste instante, uma companhia de cossacos apareceu atrás do rebanho, procurando dispersá-lo.

Jung interpretou o sonho como uma indicação de que o povo alemão estava dominado por um instinto animal. A vaca significava a supressão do instinto feminino em Hitler e a irrupção dos cossacos anunciava que, num futuro indeterminado, eles poderiam invadir a Alemanha, provocando a derrocada do Reich.

Considerado um exemplo notável dos poderes premonitórios de Jung, o sonho foi desqualificado por alguns críticos, sob a alegação de que não continha nenhuma descrição contemporânea. O que queriam? Mês e dia dos futuros acontecimentos, com as fichas de identificação de todos os participantes?

Por essa época, Jung ainda resistia à ideia de sobrevivência do espírito. Insistia na tese de que os fantasmas não passariam de projeções do inconsciente, aspectos de um complexo de dissociação. Tais concepções receberiam um golpe mortal, graças ao que ele mesmo classificou como a "experiência mais feérica e maravilhosa da minha vida",[23] vivida em consequência da grave doença que o atacou, em 1944.

Foi tudo muito rápido. Chegou ao hospital, já em estado de coma. Neste momento, uma enfermeira viu-o envolto por um halo luminoso, conforme lhe contou mais tarde.

Entre a vida e a morte, Jung fez diversas viagens astrais. Sentia-se no limite extremo, sem saber se o que via era sonho ou êxtase. Em espírito, projetou-se pelo espaço cósmico, a uma grande altura. De lá, pôde ver a Terra, banhada por uma deslumbrante luz azul, os mares, os continentes. O seu campo visual abrangia o Ceilão a seus pés e, à sua frente, a Índia. Ao longe, à esquerda, distinguiu uma extensão de terra vermelho-laranja, o deserto da Arábia, e em cima, à esquerda, uma ponta do Mediterrâneo. Mais tarde, calculando a distância necessária para abranger tal panorama, verificou que estivera a cerca de 1.500 km de altura.

Um fato notável neste passeio pelo cosmos foi a revelação de que a Terra é azul, ignorado pela ciência da época, e que só seria comprovado em 1961, quando o soviético Iuri Gagarin tornou-se o primeiro homem a orbitar ao redor do planeta, fora da atmosfera.

Como acontece às pessoas que mergulham na beatitude do cosmos, Jung não queria retornar ao corpo. Diante da beleza que presenciava, a paisagem vista através da janela do quarto do hospital parecia-lhe uma cortina pintada. O mundo idem. Passou a rejeitar os alimentos. Apesar disso, graças aos esforços médicos, o corpo reagia.

O espírito estava consciente de que os fios que o ligavam à vida terrestre se fortaleciam. Ia perdendo o combate. Teria de recomeçar a mesma vida de limitações. Sentiu então uma forte prevenção contra o médico que o tratava, responsável pela sua melhora. Numa das viagens pelo espaço, intuiu que esse clínico dedicado havia sido escolhido para morrer em seu lugar. No dia em que conseguiu se sentar na cama, o médico adoeceu, morrendo alguns dias depois. Jung sentiu remorsos, como se tivesse qualquer culpa na morte do homem.

Essa experiência foi decisiva para se libertar de preconceitos e reexaminar os pontos de vista sobre determinados problemas. Desde as primeiras obras, vinha negando a existência de espíritos, advertindo que "todo esse território é um apêndice da psicologia". Estas palavras foram pronunciadas em 1919, em uma palestra ministrada na Sociedade Inglesa de Pesquisa Física.

Depois da doença e da viagem cósmica, todas as certezas anteriores se fizeram dúvidas. Ao incluir aquela preleção em suas *Obras reunidas,* em 1947, Jung acrescentou-lhe a seguinte nota de pé de página:

> Tendo recolhido experiências psicológicas de muitas fontes e em muitos países, durante 50 anos, já não me sinto tão seguro a respeito deste assunto, como em 1919, quando escrevi estas palavras. Não só as descobertas da psicologia, mas também as minhas próprias reflexões, descritas no livro *Da natureza da psique,* levaram-me a determinadas suposições que tocam o domínio físico-nuclear, a concepção contínua de espaço-tempo, e a questão da realidade transpsíquica, que fica logo abaixo da psique.[24]

A partir dos anos 50, a reflexão e sobretudo as experiências pessoais levaram-no a uma identificação crescente com o pensamento místico e à aceitação de crenças até então repudiadas. Reviu as suas ideias sobre fenômenos psíquicos como a telepatia, a clarividência e a segunda visão, concluindo que as explicações da ciência eram insatisfatórias e que há partes da psique que não se subordinam às leis do espaço e do tempo. Admitiu que a psicologia não explicava satisfatoriamente a existência de fantasmas, por não abranger todas as manifestações conhecidas, e afirmou, com plena convicção, que os sonhos indicam a existência de vida após a morte. Corajosamente, como era de seu feitio, confessou ter recebido mensagens de pessoas mortas.

Essas ideias provocaram mal-estar em seus discípulos mais intransigentes e levaram os místicos a considerá-lo o guru da nova era, no sentido de ter facilitado a compreensão e aberto acessos mais fáceis ao mundo espiritual. Mas desencadeou também a fúria de seus adversários, para os quais ele estava misturando velhas superstições, culto a ídolos pagãos e reflexões vagas sobre Deus, julgando estabelecer uma ponte entre religião e psicologia. "Jung apresentou exatamente a mistura certa para uma época de pouca fé e juízo",[25] fustigou Erich Fromm.

Jung talvez sorrisse dessas opiniões. No final da vida, sentia-se extraordinariamente livre e iluminado, se bem que ainda cheio de dúvidas. Mas podia encarar a morte com serenidade e quase ansioso. Um dia, pensando na indesejada das gentes, sonhou que se achava diante de uma outra torre de Bollingen, banhada de luz, e uma voz lhe advertia que ela estava pronta para ser habitada. Dentro da terra, a alguns metros de profundidade, viu uma doninha ensinando a cria a mergulhar e a nadar. Interpretou essas imagens como um comunicado de que estava na hora de passar para outra dimensão da vida, e, como o jovem filhote, aprender a se adaptar a uma nova realidade.

NOTAS:

[1, 2, 3, 4, 5, 6, 7, 8, 9, 10, 11, 12, 13, 14, 15, 16, 17, 19, 20, 21, 22, 23] C. G. Jung. *Memórias, sonhos, reflexões.* Rio de Janeiro, Nova Fronteira, 1998, pp. 30, 96, 97, 102, 44, 275, 276, 276, 140, 157, 163, 169, 169, 169, 162, 162, 164, 93, 270, 271, 263, 253, respectivamente.

[18, 24] Carl Gustav Jung, in Arthur Koestler. *As razões da coincidência.* Rio de Janeiro, Nova Fronteira, s/data, p. 79 e 80.

[25] Frank Mclynn. *Carl Gustav Jung. Uma biografia.* Rio de Janeiro, Record, 1998, p. 453.

Os Intelectuais e o Espiritismo

Ubiratan Machado

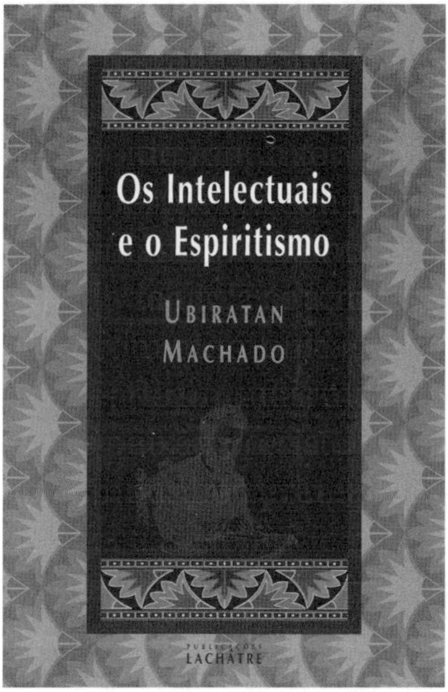

Desde a sua primeira edição, este livro tornou-se um clássico da história do espiritismo no Brasil. Mergulhando nas origens da doutrina, nos Estados Unidos e na França, acompanha a sua introdução no Brasil, a acolhida social, as reações dos escritores, os conflitos com a igreja católica. Escrito em estilo ágil e fluente, abrange o período de 1850 aos primeiros anos do século 20. Obra de história, mas repleta de casos de *petit histoire*, como o interesse de Castro Alves pelo espiritismo e a curiosidade da princesa Isabel em conhecer o seu espírito protetor.

www.lachatre.com.br

O Avesso de um Balzac Contemporâneo

Osmar Ramos Filho

Esta obra é uma das mais fascinantes e curiosas aventuras intelectuais que se possa desejar, qual seja a de apurar se um texto que pretende ser de autoria de um Balzac morto oferece condições de credibilidade para aceitação como tal.

A quarta-capa foi escrita por ninguém menos que Paulo Rónai, um dos mais renomados estudiosos de Balzac no mundo.

www.lachatre.com.br

O Mistério de Edwin Drood

Charles Dickens

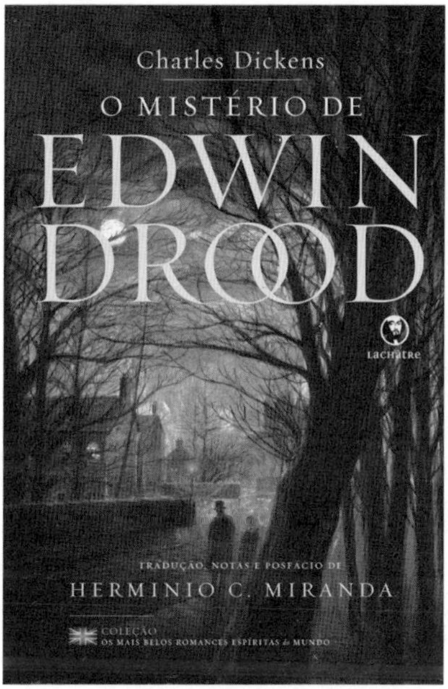

Charles Dickens estava trabalhando neste livro quando morreu subitamente, aos 58 anos de idade. Seu imenso e fiel público leitor ficou desolado, ainda mais que *O Mistério de Edwin Drood* era sua primeira incursão pelo nascente gênero da literatura policial e ele não deixou qualquer roteiro sobre como pretendia encaminhar e concluir a estória. Dois anos depois, Dickens retornava, através da mediunidade, para finalizar a obra. Com olímpica arrogância, os meios literários internacionais simplesmente ignoraram a metade mediúnica do livro, no pressuposto irrecorrível de que, ao escrevê-la, Dickens estava morto e gente morta não pode escrever. Parece, no entanto, que alguém esqueceu de 'combinar' isso com os mortos, que continuam produzindo seus textos como sempre fizeram... Se você, leitor/leitora, ainda guarda alguma reserva e prefere não se comprometer, leia o livro discretamente, como se não soubesse que foi um fantasma que escreveu seu emocionante final.

Esta edição foi impressa em fevereiro de 2013 pela Assahi Gráfica e Editorial Ltda., de São Bernardo do Campo, SP, para o Instituto Lachâtre, sendo tiradas duas mil cópias, todas em formato fechado 160x230mm e com mancha de 110x195mm. Os papéis utilizados foram o Off-set 75g/m^2 para o miolo e o Cartão Supremo 300g/m^2 para a capa. O texto principal foi composto em Utopia Std 13/15,6. A programação visual da capa é de Andrei Polessi.